Convenios Internacionales Marítimos

José Vicente Guzmán E.

Convenios Internacionales Marítimos

Universidad Externado de Colombia

Guzmán E., José Vicente

Convenios Internacionales Marítimos / José Vicente Guzmán E. -- Bogotá : Universidad Externado de Colombia. 2022.
271 páginas ; 21 cm.

Incluye referencias bibliográficas (página 269-271)

ISBN: 9789587908046

1. Aguas jurisdiccionales – Colombia 2. Derecho marítimo – Colombia 3. Derecho marítimo – Legislación – Colombia 4. Derecho internacional marítimo – Colombia 5. Límites – Colombia 6. Zonas marinas -- Colombia I. Universidad Externado de Colombia II. Título

347.8 SCDD 15

Catalogación en la fuente -- Universidad Externado de Colombia. Biblioteca.
marzo de 2022

ISBN 978-958-790-804-6

Calle 12 n.° 1-17 este, Bogotá
Teléfono (601) 342 0288
publicaciones@uexternado.edu.co
www.uexternado.edu.co

Primera edición: marzo de 2022

Diseño de cubierta: Departamento de Publicaciones
Corrección de estilo: Óscar Torres Angarita
Composición: Precolombi EU, David Reyes
Impresión: Xpress Estudio Gráfico y Digital S.A.S. - Xpress Kimpres
Tiraje de 1 a 1.000 ejemplares

Impreso en Colombia
Printed in Colombia

A la memoria de mi madre, Elcy de los Ángeles

CONTENIDO

PRÓLOGO

Es un verdadero placer y un honor para mí escribir estas líneas como Prólogo para la publicación del libro denominado *Convenios Internacionales Marítimos* de la autoría de mi buen amigo y colega José Vicente Guzmán.

La modernización, la actualización y la unificación (o uniformidad) del derecho marítimo son metas importantes y necesarias, tanto para el comercio y transporte marítimo como para los gobiernos interesados en promover la seguridad en alta mar, la protección del medio ambiente marino, y combatir la piratería y el terrorismo. Sin duda, la ratificación de, o la adhesión a, los principales convenios internacionales marítimos constituye la manera más eficaz de lograr la uniformidad del derecho marítimo.

El objetivo principal o *raison d'être* del Comité Marítimo Internacional (CMI), una organización no gubernamental establecida en 1897 en la Ciudad de Amberes, es promover o contribuir a la unificación (o, mejor dicho, a la uniformidad) del derecho marítimo, como consta en el artículo 1.° de la Constitución del CMI. El CMI lleva 125 años desempeñando este papel importante y mantiene un interés primordial en estudiar y tratar de resolver los conflictos internos presentados por los regímenes nacionales, los acuerdos regionales y los convenios internacionales que rigen el comercio y el transporte marítimo internacional.

¿Por qué necesitamos la uniformidad del derecho marítimo? El jurista italiano Pasquale Stanislao Mancini, durante un discurso ante la Facultad de Derecho de la Universidad de Turín, en 1860 (hace unos 160 años), dijo lo siguiente:

> La mar, con sus vientos, tormentas y peligros, nunca cambia, y esto requiere, por necesidad, un régimen jurídico uniforme.

En otras palabras, las empresas que participan en el comercio marítimo internacional necesitan saber con certidumbre que el régimen jurídico aplicable a ese comercio va a ser el mismo, sin importar el puerto de embarque o la ruta de navegación que se tome para llegar al puerto de descarga.

La importancia de un régimen jurídico uniforme para el comercio marítimo fue reconocida por los fundadores del CMI, como consta en la introducción de la historia del CMI escrita por Albert Lilar en 1972 (para celebrar los 75 años de existencia de la organización):

> L'historie du droit maritime porte l'empreinte d'une recherche constante de stabilité e de securité dans les rapports entre les hommes qui confient leur personne et leurs biens à la mer capricieuse et indomptable. Depuis des temps immémoriaux, le postulat qui a inspiré toutes les approches du problème, implique l'établissement d'un droit uniforme.

Los fundadores del CMI tenían en mente un gran proyecto de codificar las leyes marítimas del mundo, siguiendo la tradición empezada en la Edad Media de redactar reglas de acuerdo común, como las leyes, reglas o tablas de Rodas, Olerón, Visby y Barcelona, entre otras, para así crear y obtener una uniformidad del derecho marítimo y facilitar el comercio marítimo en la tradición del *Mare Liberum*, favorecida por el filósofo holandés Hugo Grotius.

También cabe mencionar que el trabajo inicial de los fundadores del CMI tomó lugar dentro de otra organización, la Asociación de Derecho Internacional (International Law Association o ILA), la cual fue fundada varios años antes del CMI con una visión más amplia en torno al derecho internacional en general. En este sentido, se puede considerar que el CMI es descendiente de la ILA, pero figura como la primera organización internacional dedicada exclusivamente al derecho marítimo y a las prácticas comerciales en el ámbito marítimo internacional.

En resumen, la uniformidad del derecho marítimo es importante si nuestro objetivo es establecer una calidad total normativa en la regulación del comercio o transporte marítimo, y al mismo tiempo promover la seguridad en alta mar, proteger el medio ambiente marino, y combatir la piratería y el terrorismo. Lograr esta uniformidad del derecho marítimo sigue siendo un ideal noble y necesario, y la publicación del libro *Convenios Internacionales Marítimos* constituye un paso importante para lograr este ideal. A nombre de la Presidencia del CMI y en mi capacidad personal, reitero mis felicitaciones al Comité Editorial de la Universidad Externado de Colombia y al Dr. José Vicente Guzmán por la publicación de este importante libro.

Christopher O. Davis
Presidente
Comité Marítimo Internacional
Nueva Orleans, marzo de 2022

A la verdad la navegación fué regida en todos tiempos por el derecho de gentes; pues así por ser ella el vínculo de la compañía y comunicación de las naciones entre sí, como porque derrama las comodidades y la abundancia de unas regiones en otras, está sujeta á unas reglas comunes, que las mútuas necesidades hacen respetar de todos los pueblos, y que la equidad natural había ya grabado en el corazón del hombre [...][1].

1 D. Antonio de Capmany y de Montpalau, *Código de las Costumbres Marítimas de Barcelona. Hasta Aquí Vulgarmente Llamado Libro Del Consulado. Nuevamente Traducido al Castellano; Discurso del Editor,* Imprenta De Don Antonio De Sancha; M.DCC. XCI. (1791), p. vi.

INTRODUCCIÓN

En los últimos años se han producido en Iberoamérica diferentes iniciativas de modernización de la legislación marítima. Es así como entre 1998 y 2001 Venezuela expidió un conjunto de normas que reformó integralmente su régimen marítimo. Posteriormente, México expidió una nueva Ley de Navegación y Comercio Marítimos en el 2006. Panamá, a su vez, en el 2008 introdujo reformas importantes a su legislación marítima mediante la expedición de una Ley de Marina Mercante (Ley 57 de 2008), de una Ley General de Puertos (Ley 56 de 2008) y de una Ley de Comercio Marítimo en la que también modificó su legislación procesal marítima (Ley 55 de 2008). En 2009 y 2015, Chile modificó su Ley de Navegación de 1978. España modificó y modernizó integralmente su legislación marítima mediante la expedición de su nueva Ley de Navegación Marítima (Ley 14 de 2014). Y, finalmente, en el mes de diciembre de 2021 el Senado de la República Dominicana aprobó en segundo debate el proyecto de Ley de Comercio Marítimo en el que se ha estado trabajando en ese país en años recientes.

Colombia no ha sido ajena a este movimiento. La autoridad marítima colombiana, es decir, la Dirección General Marítima (Dimar), ha trabajado desde 2015 en un proyecto que ha denominado Fortalecimiento Jurídico de la Autoridad Marítima, que comprende varias acciones, entre las cuales se encuentra la actualización y modernización del derecho marítimo colombiano.

En ejecución de dicho proyecto, en el 2016 Dimar contrató una consultoría que efectuó un diagnóstico de la legislación marítima colombiana vigente y formuló unas recomendaciones para su modernización y actualización[2]. Posteriormente, en el 2017 el proyecto liderado por Dimar continuó con la contratación de una segunda consultoría que entregó a consideración de la autoridad marítima un anteproyecto de código marítimo[3], cuyo contenido fue objeto de análisis por el grupo interno de trabajo de Dimar. Producto del mismo, la versión 2.0 del anteproyecto de código marítimo (20 de junio de 2019) fue puesta a consideración de la comunidad marítima colombiana, para su estudio, análisis y comentarios.

Como resultado de los comentarios y observaciones de las empresas y gremios del sector, de abogados maritimistas y de la academia, Dimar ha publicado cuatro nuevas versiones del anteproyecto de código marítimo, a saber: versión 2.5 del 26 de agosto de 2019, versión 3.0 del 26 de septiembre de 2019, versión 4.0 del 31 de octubre y versión 5.0 del 25 de noviembre de 2019. La última versión es la 6.0 del 15 de septiembre de 2020 y se puede consultar en la página web de Dimar (https://www.dimar.mil.co/node/3216).

Dimar convocó a jornadas de análisis y observaciones del anteproyecto de código marítimo en Buenaventura, Cartagena y Bogotá. La última de estas jornadas fue celebrada en Bogotá el 10 de octubre de 2019. Una de las mesas

---

2 Contrato de consultoría 219-Subafin-2016 – Consultor: Guzmán Escobar & Asociados (GEA); en adelante se hará referencia a esta consultoría como la Consultoría de 2016 o la Consultoría GEA.

3 Contrato de consultoría 222-Subafin-2017 – Consultor: UT Legismar.

de trabajo de esta jornada recomendó a Dimar acompañar el anteproyecto de código marítimo con la iniciativa de ratificar o adherir a un conjunto de los convenios internacionales marítimos más importantes que organizaciones públicas y privadas como la OMI (Organización Marítima Internacional), la Uncitral (Comisión de las Naciones Unidas para la Unificación del Derecho Comercial Internacional) y el CMI (Comité Marítimo Internacional) han promovido desde principios del siglo XX con el fin de lograr la uniformidad del derecho marítimo.

En este contexto, el propósito de esta publicación es presentar un breve comentario de los principales convenios internacionales marítimos cuya ratificación o adhesión sugiero considerar para la actualización y modernización de la legislación marítima colombiana. Al final de la reseña de cada convenio haré una recomendación acerca de su conveniencia o inconveniencia para Colombia. La ratificación o adhesión de estos convenios internacionales por parte de Colombia contribuirá, además, a la uniformidad del derecho marítimo.

Algunos de los convenios reseñados ya fueron ratificados o adheridos por Colombia, pero también han sido objeto de enmiendas que no han sido incorporadas a la legislación interna colombiana e, incluso, respecto de otros convenios que consagran un mecanismo de enmiendas tácitas no existe total claridad acerca de la incorporación de dichas modificaciones a nuestro derecho interno.

Debo advertir que una parte del contenido de esta publicación proviene de uno de los informes del trabajo de la consultoría adelantada para Dimar en el 2016, sobre cuyo contenido me he permitido hacer ajustes de forma y de fondo, orientados al propósito de este escrito.

CAPÍTULO I
CONSIDERACIONES GENERALES SOBRE LA LEGISLACIÓN MARÍTIMA COLOMBIANA

Colombia no tiene una ley de navegación marítima ni una norma que consagre en forma integral los principios que inspiran su derecho marítimo. La legislación marítima colombiana se encuentra dispersa en el Código de Comercio (Decreto 410 de 1971), en el Decreto Ley 2324 de 1984, en la Ley 10 de 1978 sobre régimen de aguas, en la Ley 658 de 2001 sobre practicaje, en la Ley 1675 de 2013 sobre patrimonio cultural sumergido y en la recientemente expedida Ley 2133 de 2021 sobre registro de naves (que reemplazó a la Ley 730 de 2001). Pero el país carece de una norma que regule integralmente la navegación y el comercio marítimos.

La mayoría de los países objeto de un breve y limitado estudio de derecho comparado cuentan con una ley de navegación, con una ley de comercio marítimo, o con ambas. Estas leyes se ocupan de incorporar en un solo cuerpo normativo los principios generales del derecho marítimo, las normas sobre interpretación y aplicación de la legislación marítima, las normas que resuelven los conflictos de leyes en el tiempo y en el espacio, así como las diferentes materias que comprenden las actividades marítimas.

En algunos países existe una sola Ley de Navegación Marítima, que regula integralmente la materia, como es el caso de España y México. Otros países dividen las materias entre una Ley de Navegación Marítima y el Código de Comercio, como ocurre en Chile. Y en otros casos, el país cuenta con diferentes leyes que en su conjunto regulan la materia, como son una Ley de Marina y Actividades Conexas, una Ley de Comercio Marítimo, una Ley de Procedimientos Marítimos y una Ley de Títulos, Licencias y Permisos de la Marina Mercante, como ocurre en Venezuela.

Los países de derecho anglosajón, como el Reino Unido y los Estados Unidos de América, cuentan con un Merchant Shipping Act, que regula los aspectos comerciales de la navegación marítima, aunque no comprenden una regulación integral de la materia. Ello no implica que estos países no cuenten con unos Principios Generales del Derecho Marítimo, sino que dichos principios no se encuentran consagrados en una norma positiva, sino en el cuerpo integrado de su jurisprudencia marítima. Es decir, en Estados Unidos y en el Reino Unido, cuando se habla de General Maritime Law, se hace referencia al conjunto de principios contenidos con el correr del tiempo en las decisiones de sus jurisdicciones marítimas especializadas[4].

I. Unificación del derecho marítimo

El derecho marítimo es de origen antiguo, y su fuente original fueron los usos y las costumbres de los comerciantes, que fueron recopilados en diferentes estatutos, tales

---

4 Schoenbaum, Thomas. *Admiralty and Maritime Law*, 2nd ed.; Hornbook Series, West Group, St. Paul, usa, 1987, p. 95.

como las *Rooles de Olerón*, el *Guidón de la Mer* y el *Libro del Consulado del Mar de Barcelona* (o *Código de las Costumbres Marítimas de Barcelona*). Es decir, que el derecho marítimo nació de prácticas aceptadas en el plano internacional por la comunidad marítima. Posteriormente, al surgir los Estados nacionales, esta internacionalidad fue perdiéndose de manera paulatina porque cada país empezó a expedir su propia normatividad, y en ocasiones sin tener en cuenta los usos y costumbres internacionalmente aceptados.

La primera iniciativa de codificación integral del derecho marítimo se realizó en Francia mediante la *Ordenanza de 1681*, promulgada por el rey Luis XIV, que se basó fundamentalmente en el *Guidón de la Mer* y en otras compilaciones de usos y costumbres del comercio marítimo. Después, la Revolución francesa, en su propósito general de igualdad, eliminó los tribunales especializados en asuntos marítimos. Luego, en el trabajo de codificación de Napoleón, se incluyó al derecho marítimo como parte del Derecho Comercial, tendencia que fue adoptada por la mayoría de los países en que, como Colombia, el Derecho Francés tuvo gran influencia.

Desde el siglo XIX se empezó a hacer evidente la necesidad de procurar la uniformidad del derecho marítimo. De hecho, la creación del Comité Marítimo Internacional, en 1897, tuvo como una de sus principales motivaciones la necesidad de procurar la uniformidad del derecho marítimo, objetivo que dicho comité aún persigue.

Inicialmente, en esa época, el esfuerzo de unificación estaba concentrado en la tradición de recopilar usos y costumbres internacionalmente aceptados, como ocurrió con las normas que regulan la *avería gruesa*, comprendidas en las Reglas de York y Amberes, cuya versión original data de 1874. Estas reglas no son un convenio internacional, ni tienen fuerza de ley, pero son internacionalmente aceptadas por toda la comunidad marítima.

No obstante, este método de unificación no fue efectivo respecto de otras materias, como ocurrió con las normas que pretendían unificar la regulación del contrato de transporte marítimo de mercancías bajo conocimiento de embarque, las cuales inicialmente se expidieron en la modalidad de reglas y usos uniformes, bajo la denominación de Reglas de La Haya de 1921, esfuerzo que fracasó ante su ausencia de fuerza imperativa frente a legislaciones internas o precedentes jurisprudenciales obligatorios de otros países.

Por tal motivo, dichas reglas fueron posteriormente expedidas como un convenio internacional: el Convenio de Bruselas para la Unificación de ciertas reglas en materia de Conocimientos de Embarque de 1924, conocido como las Reglas de La Haya, debido a las que lo precedieron. Antes de este convenio, ya se habían expedido otros en materia de derecho marítimo, como son el Convenio Internacional para Unificar ciertas Reglas en materia de Abordaje y el Convenio Internacional sobre Asistencia y Salvamento, ambos de 1910.

Estos convenios marcaron el inicio de una nueva etapa en la unificación del derecho marítimo, cual es la de los convenios internacionales, que constituye aún hoy en día el mecanismo más efectivo para lograr este propósito[5], sin que sea excluyente respecto del método inicial, es decir,

---

5 Davis, Christopher. Uniformidad del Derecho Marítimo en los albores de la tercera década del siglo xxi. Artículo que forma parte del libro *El Derecho Marítimo en los albores de la tercera década del siglo xxi*, publicado en homenaje al profesor y doctor Luis Ignacio Melo Ruiz, Ed. Porrúa, México, 2019, p. 251.

la recopilación de los usos y costumbres marítimos internacionalmente aceptados.

En la actualidad existen diversos organismos internacionales que contribuyen especialmente a la unificación del derecho marítimo por medio de la construcción de convenios internacionales, entre los que podemos mencionar a la Organización Marítima Internacional (OMI), la Comisión de las Naciones Unidas para el Comercio y el Desarrollo (UNCTAD), la Comisión de las Naciones Unidas para la Unificación del Derecho Comercial Internacional (UNCITRAL), la Organización Internacional del Trabajo (OIT) y, por supuesto, el Comité Marítimo Internacional (CMI).

Un tercer método de unificación del derecho marítimo consiste en el uso extendido de modelos contractuales para diversos negocios marítimos, como son el contrato de fletamento, el contrato de remolque, el contrato de salvamento, los contratos de seguro marítimo, etc. Existen organizaciones internacionales de carácter privado, como es el caso de BIMCO[6], que elaboran estos modelos contractuales, tomando en cuenta los usos y costumbres de los comerciantes y los navieros, así como las normas y las tendencias jurisprudenciales de los países en los que están llamados a operar dichos contratos. Esto es lo que se conoce como el "derecho formulario" y constituye otro mecanismo de unificación del derecho marítimo, a veces, incluso, reconocido como fuente auxiliar de esta disciplina.

6 The Baltic and International Maritime Council (Bimco): https://www.bimco.org

Me refiero a formatos usuales de contratos entre los que puedo mencionar el GENCON[7], el NYPE[8], el LOF[9], entre otros.

En cuarto lugar, la unificación del derecho marítimo se puede lograr mediante leyes modelo, como ha ocurrido en otras materias internacionales, por ejemplo el arbitraje comercial internacional, en el que existe la Ley Modelo sobre Arbitraje Internacional de UNCITRAL, que ha servido como guía para las leyes de arbitraje expedidas por un número importante de países. En derecho marítimo existen leyes extranjeras que, *de facto*, se han convertido en una especie de leyes modelo porque, a pesar de no haber sido creadas ni catalogadas como tales, en la práctica han servido de modelo para la redacción de las normas internas de otros países sobre las materias que regula. Es el caso de la Ley de Seguro Marítimo inglesa de 1906 (Marine Insurance Act 1906), que casi invariablemente ha inspirado las leyes internas de seguro marítimo de muchos países. De otra parte, existen iniciativas regionales como

7 Gencon Uniform General Charter es un modelo de contrato de fletamento por viaje (*voyage charter party*) elaborado por Bimco y cuya versión más reciente data de 1994, aunque ha sido objeto de diversas actualizaciones; puede consultarse en https://www.bimco.org/contracts-and-clauses/bimco-contracts/gencon-1994#

8 NYPE Time Charter (New York Produce Exchange) es un modelo de contrato de fletamento por tiempo (*time charter party*) elaborado por Bimco y cuya versión más reciente data de 1994, aunque ha sido objeto de diversas actualizaciones; puede consultarse en https://www.bimco.org/contracts-and-clauses/bimco-contracts/nype-2015

9 LOF (Lloyd's Open Form) es un modelo de contrato de salvamento elaborado por el Lloyd's de Londres, que regula la remuneración que debe pagarse a la empresa de salvamento por salvar una propiedad en peligro en el mar y por minimizar los riesgos de contaminación ambiental durante la operación de salvamento; puede consultarse en https://www.lloyds.com/resources-and-services/lloyds-agency/salvage-arbitration-branch/lloyds-open-form-lof

la Ley Modelo Marítima Iberoamericana, a la cual haré referencia adelante

Finalmente, ante la ausencia de un convenio internacional, de la ley marítima especial interna de cada país y de estipulaciones de las partes, el derecho marítimo moderno suele regresar a su fuente primigenia, cual es la de los usos y costumbres de la navegación y del comercio marítimo.

II. Autonomía del derecho marítimo

La autonomía del derecho marítimo es un punto respecto del cual no existe una posición pacífica. Su consideración es importante en el momento de definir si es necesario, o conveniente, que Colombia cuente con una sola Ley de Navegación Marítima, o si, por el contrario, es mejor dividir la legislación marítima en diversos cuerpos normativos, no necesariamente especializados. Es decir, si se justifica la construcción de las normas que regulan las actividades marítimas en un solo instrumento legislativo que regule integralmente la materia, o si es preferible introducir en cada rama del derecho (civil, comercial, penal, administrativo, laboral, ambiental, etc.) normas que traten los aspectos marítimos que atañen a cada una de dichas disciplinas.

En general, el derecho marítimo comprende las normas jurídicas que regulan la navegación marítima[10] que, por sus características de riesgo e internacionalidad, involucra diferentes problemas jurídicos que son propios de otras áreas del derecho, pero que adquieren la peculiaridad de ocurrir en el mar y, por lo general, deben ser resueltos

10 Ripert, George. *Compendio de Derecho Marítimo*; traducción de Pedro G. San Martín; Tipográfica Editora Argentina, Buenos Aires, 1954, p. 11.

teniendo en cuenta ese entorno. Por lo tanto, en el derecho marítimo confluyen figuras e instituciones propias de otras ramas del derecho, pero generalmente con rasgos y características particulares que devienen de la actividad misma de la navegación y del hecho de que las relaciones jurídicas transcurren en el medio marino.

Los contratos de trabajo de la tripulación gozan de la naturaleza del derecho laboral, pero con una regulación especial, propia del medio marino, y reciben el nombre de contratos de enrolamiento o de ajuste[11]. Como expuse anteriormente, el derecho marítimo ha sido unificado mediante convenios internacionales, lo cual implica que en esta materia también existe relación con el derecho internacional público, al igual que en los asuntos que determinan los derechos y las relaciones de las naciones en cuanto a la soberanía y explotación de las aguas marinas y el lecho marino, conformando respecto de este último aspecto toda una disciplina conocida como Derecho del Mar. El derecho penal, a su vez, conoce de los delitos cometidos a bordo de una nave, respecto de cuya investigación y sanción se otorgan al capitán funciones de instrucción[12]. El derecho civil participa en cuanto a figuras tales como las hipotecas navales y los derechos de propietarios y copropietarios de embarcaciones, entre otras; el capitán de una nave, nuevamente, recibe especial delegación de autoridad para ciertos actos regulados por el derecho civil, como son la recepción de testamentos a bordo y el levantamiento de actas de nacimiento, matrimonios y defunciones[13]. El derecho administrativo regula

11 Artículos 1508 a 1512 del Código de Comercio colombiano.

12 Artículo 1498 del Código de Comercio colombiano.

13 Artículo 1499 del Código de Comercio colombiano.

no solamente la habilitación y permiso de operación de las empresas de transporte marítimo[14], sino también las concesiones portuarias[15]. El derecho comercial comprende figuras como los contratos de transporte de carga y de pasajeros por mar, los seguros marítimos, los riesgos de la navegación marítima, los contratos de fletamento, etc.

El derecho marítimo participa tanto del derecho público como del derecho privado[16]. El primero se ocupa de los asuntos relativos al derecho del mar, el régimen administrativo de las naves en cuanto a su registro y su bandera, la estructura y funciones de la autoridad marítima y el funcionamiento y vigilancia de los puertos, entre otros temas. Por su parte,

> el derecho marítimo privado, también llamado derecho marítimo comercial, es el que regula las relaciones que surgen alrededor de la explotación económica de un buque. No se refiere solamente a las relaciones entre quien explota el buque y quien usa sus servicios. Por el contrario, se aplica a toda actividad conexa a este hecho como la construcción de la nave, los derechos, obligaciones y garantías que sobre ella se constituyan, los contratos de que sea objeto o en que se prevea su utilización como medio, los seguros, la agencia marítima, el crédito marítimo, los privilegios, el abordaje, las

---

14 Ley 336 de 1996 y Decreto 804 de 2001 (compilado en el Decreto 1079 de 2015).

15 Ley 1.ª de 1991.

16 De hecho, varios autores distinguen un derecho marítimo público y un derecho marítimo privado; entre ellos, Lena Paz, Juan A., Ley de la Navegación (20,094 comentada, t. I, Plus Ultra, Buenos Aires, 1985, núm. 1, p. 7, y Romero Basaldúa, Luis E., *Derecho de la Navegación*, t. I, Marcos Lerner, Córdoba, 1996, p. 8 (ambos citados por Chami, Diego Esteban. *Manual de Derecho de la Navegación*, Ed. Abeledo Perrot, Argentina, 2010, p. 10).

averías, la asistencia y el salvamento, y, en fin, otras cuantas figuras más que giran en torno a esta actividad[17].

La pregunta por resolver, entonces, es si el derecho marítimo es una rama autónoma del derecho, con sus propios principios, fuentes e instituciones. La respuesta no es sencilla, pues depende de la realidad normativa de cada país. De otra parte, una cosa es si en un país determinado el derecho marítimo constituye una rama autónoma del derecho, y otra muy distinta es si un país considera conveniente que así lo sea.

La cuestión de la autonomía del derecho marítimo ha sido controvertida y debatida en varios países, sin que exista realmente una posición uniforme sobre el punto. En la práctica, la autonomía del derecho marítimo depende, en cada caso, de la configuración normativa de cada país.

Países como Venezuela, Chile, Argentina, México y España cuentan con una ley general de navegación, que regula la mayoría de los asuntos objeto del derecho marítimo. Las más recientes leyes de navegación en Iberoamérica, como son la de España (2014) y la de México (2006), evidencian la tendencia de los países con sistemas jurídicos de derecho romano-germánico a regular su derecho marítimo mediante leyes de navegación, y no como parte de sus códigos de comercio. Eso no quiere decir que no existan disposiciones relativas al derecho marítimo en otras leyes o códigos. En Chile, por ejemplo, existe una Ley de Navegación que data de 1978 (modificada parcialmente en 2009 y en 2015), pero el Libro III de su código de comercio, que data de 1988, regula aspectos

---

17 Guzmán E., José Vicente, *La responsabilidad del transportador marítimo de mercancías*; tesis de grado, Universidad Externado de Colombia, 1990, p. 12.

importantes del derecho marítimo, tales como los contratos de transporte, los riesgos de la navegación y los seguros.

Otros países, como es el caso de Venezuela, cuentan con una Ley de Navegación, y con otras leyes que también regulan asuntos del derecho marítimo, bajo diferentes denominaciones, tales como la Ley de Comercio Marítimo, la Ley de Puertos, la Ley General de Marina y Actividades Conexas y la Ley de Procedimiento Marítimo, entre otras.

En general, los países de sistema de derecho anglosajón (principalmente el Reino Unido de Gran Bretaña e Irlanda del Norte y los Estados Unidos de América) no tienen una ley de navegación que regule integralmente los temas del derecho marítimo. Estos países cuentan con el equivalente a una Ley de Comercio Marítimo (Merchant Shipping Act). El Reino Unido tiene el Merchant Shipping Act de 1995, pero este se concentra en la regulación de la matrícula de buques, las normas sobre capitán y tripulación, la seguridad de los buques y la prevención de la contaminación ambiental marina. Estados Unidos de América tiene el Merchant Shipping Act de 1984 (modificado en 1998), pero su objeto es la regulación de la navegación marítima comercial, mediante el establecimiento de registros de empresas de transporte marítimo y registro de sus tarifas; no se trata, pues, de una ley general que regule todos los aspectos de la navegación o del derecho marítimo.

Tanto en el Reino Unido como en los Estados Unidos de América los aspectos generales del derecho marítimo no están consagrados positivamente (*v. gr.*, en leyes escritas), sino que se encuentran consagrados mediante precedentes jurisprudenciales (*common law*), en lo que se conoce como los "principios generales del derecho marítimo" (*"general principles of maritime law"*).

En conclusión, la tendencia identificada en el derecho comparado es integrar el derecho marítimo en una sola ley de navegación, o en un conjunto de leyes especiales que regulan integralmente la materia. Esta ley, o conjunto de leyes, consagran un sistema propio de fuentes, principios e instituciones propias de las relaciones jurídicas de la navegación y, en ocasiones, prevén las relaciones del derecho marítimo con otras ramas del derecho. La mayoría de los países cuentan con una autoridad marítima que se encarga de velar por el cumplimiento de las normas marítimas que gozan de la naturaleza del derecho público o del derecho administrativo. Algunos países cuentan con una jurisdicción marítima especializada[18]. En el caso de Estados Unidos y el Reino Unido, las decisiones de dicha jurisdicción marítima son las que integran el Derecho Marítimo General (General Maritime Law o General Principles of Maritime Law).

A mi juicio, en los países en que existe una ley de navegación marítima, una autoridad marítima y una jurisdicción marítima podríamos hablar de la autonomía del derecho marítimo, por cuanto la materia está integrada por un cuerpo normativo, una autoridad ejecutiva y una jurisdicción especializada que produce la jurisprudencia marítima. No obstante, dicha autonomía también depende de la estructura misma de su ley de navegación y, en particular, de si cuenta con unos principios generales, un sistema de fuentes, normas de conflicto y procedimientos especiales.

Si por las características de la ley de navegación del país, o por carecer de alguna de las instituciones mencionadas –por ejemplo, por no tener una jurisdicción marítima especializada–, no es posible predicar la autonomía del derecho marítimo de un determinado Estado, por lo menos podría

---

18 Estados Unidos, el Reino Unido, Canadá, Panamá y Venezuela.

hablarse de la "especialidad" de su derecho marítimo; es decir, de que existe un derecho marítimo organizado en una o varias normas especiales que guardan armonía entre sí y que constituyen un régimen especial, particular y comprensivo de las instituciones jurídicas necesarias para regular la navegación marítima.

III. La Ley de Navegación Marítima de España y la unificación del derecho marítimo

La legislación marítima española era dispersa y desactualizada; se encontraba, básicamente, en el Libro III del Código de Comercio de 1885; por supuesto, para entonces no se había iniciado la unificación del derecho marítimo mediante convenios internacionales. Pero durante los siglos XX y XXI España ratificó un número importante de convenios internacionales que regulan diversas materias propias de la navegación marítima. Esto condujo a una situación en la que, desde el punto de vista internacional, España contaba con instrumentos normativos modernos para regular la navegación y el comercio marítimo, acordes con las tendencias mundiales sobre la materia, pero en el ámbito interno su legislación no reflejaba estas mismas tendencias, generando, de este modo, diversas contradicciones y dificultades en la aplicación de la normatividad marítima española.

Durante más de una década, España adelantó un trabajo de actualización y modernización de su legislación marítima, mediante un proyecto de Ley de Navegación Marítima, que finalmente se hizo realidad mediante la Ley 14 de 2014, conocida como la Ley de Navegación Marítima de España (en adelante, LNM).

Uno de los principales objetivos de la LNM fue dar una solución a esta compleja situación normativa, como lo señala el mismo preámbulo de la ley, en los siguientes términos:

> La Ley de Navegación Marítima lleva a cabo una reforma amplia del Derecho marítimo español contemplando todos sus aspectos. Se trata de una renovación que no busca una mera actualización y codificación, sino que también responde a su imprescindible coordinación con el Derecho marítimo internacional y su adecuación a la práctica actual del transporte marítimo.

La doctrina coincide en que esta es la orientación de la LNM. El profesor Juan Luis Pulido Begines, al comentar la estructura de la LNM lo expresa en los siguientes términos:

> Esta regulación es fruto de la intención del legislador, expresada en la Exposición de Motivos, de homogeneizar el Ordenamiento Jurídico interno con el Derecho Marítimo Internacional, adoptado por los países de la Unión Europea y la OCDE, algo clave en un tráfico caracterizado por la transnacionalidad. Con ello se pretende, también, proporcionar seguridad jurídica, al garantizar la coordinación entre las normas españolas, europeas y los convenios internacionales vigentes, tanto de Derecho Público como Privado, facilitando la interpretación unívoca de esas normas por los Tribunales y acabando con la criticada dualidad de regulaciones que existía en muchos ámbitos en el Derecho derogado. Como consecuencia, los Tratados Internacionales y el Derecho de la UE resultarán en lo sucesivo de aplicación prioritaria en el campo de la navegación marítima, sin que frente a ellos pueda invocarse cualesquiera otras normas jurídicas, excepto las contenidas en la Constitución, en virtud de lo dispuesto en el artículo 9.1 de ésta[19].

---

19 Pulido Begines, Juan Luis, *Curso de Derecho de la Navegación Marítima*, Ed. Tecnos, Madrid, 2015, p. 28.

Al revisar los diferentes capítulos de la LNM se observa una constante tendencia a cumplir este objetivo, como lo reitera su mismo preámbulo al decir que

> la ley regula el marco en el que se inscriben las actividades propias del tráfico marítimo, constituido por el propio medio geográfico y los espacios físicos que la hacen posible, así como los instrumentos y los vehículos, garantizando la necesaria coherencia del Derecho español con los distintos convenios internacionales en materia de Derecho marítimo [...].

Es así como en todo el texto de la LNM se encuentran frecuentes referencias a los diferentes convenios internacionales marítimos vigentes en España, con el claro propósito de evitar una doble y a veces contradictoria regulación de un determinado aspecto de la navegación marítima, de modo tal que una misma situación cuente con el mismo tratamiento, sea que se trate de navegación nacional o de navegación internacional. En varias ocasiones, la LNM extiende el ámbito aplicación de un convenio internacional para que el mismo régimen sea aplicable internamente, evitando así una duplicidad normativa y un tratamiento desigual a una misma situación jurídica.

En este sentido, podemos mencionar el artículo 19 sobre el régimen general de la navegación en los espacios marítimos españoles, que remite a la Convención de las Naciones Unidas sobre el Derecho del Mar, firmada en Montego Bay el 10 de diciembre de 1982; el artículo 122 sobre privilegios marítimos, que remite al Convenio internacional sobre los privilegios marítimos y la hipoteca naval, hecho en Ginebra el 6 de mayo de 1993; el artículo 277 sobre el régimen de responsabilidad en el contrato de transporte marítimo de mercancías que remite al Convenio Internacional para la Unificación de Ciertas Reglas en Materia de

Conocimientos de Embarque, firmado en Bruselas el 25 de agosto de 1924, los protocolos que lo modifican de los que España sea Estado parte y la misma ley; el artículo 298 sobre el régimen de responsabilidad en el contrato de transporte de personas por mar que remite al Convenio Internacional relativo al Transporte de Pasajeros y sus Equipajes por Mar, hecho en Atenas el 13 de diciembre de 1974 (PYE/PAL), y los protocolos que lo modifican de los que España sea Estado parte; el artículo 339 sobre abordaje que remite al Convenio Internacional para la Unificación de Ciertas Reglas en Materia de Abordaje; el artículo 357 sobre salvamento que remite al Convenio Internacional sobre Salvamento Marítimo, hecho en Londres el 28 de abril de 198 y por los Protocolos que lo modifiquen de los que España sea Estado parte; el artículo 392 sobre la limitación de responsabilidad del armador que remite al Convenio Internacional sobre la Limitación de Responsabilidad por Reclamaciones de Derecho Marítimo, hecho en Londres el 19 de noviembre de 1976 y su Protocolo de 1996, con las reservas hechas por España en el Instrumento de Adhesión; el artículo 470 sobre el embargo preventivo de naves que remite al Convenio Internacional sobre el Embargo Preventivo de Buques, hecho en Ginebra el 12 de marzo de 1999; el artículo 480 sobre la venta forzosa del buque que remite al Convenio Internacional sobre los privilegios marítimos y la hipoteca naval, hecho en Ginebra el 6 de mayo de 1993, entre otros.

Como bien puede observarse de los artículos mencionados, la LNM remite expresamente a los convenios internacionales marítimos ratificados por España para regular el tratamiento de las situaciones jurídicas de la navegación marítima que dichos convenios comprenden. De este modo, la nueva ley de navegación marítima de España cumple con el propósito de unificación del derecho marítimo, pues, en vez de regular la materia objeto de los diferentes convenios mediante la redacción de textos normativos internos, hace una remisión expresa a los diferentes convenios en cada caso, con lo que se evitan posibles contradicciones entre la regulación interna y la regulación internacional de una misma materia del derecho marítimo, como se manifiesta expresamente en el mismo Preámbulo de la LNM al señalar que "esta norma permite superar las contradicciones existentes entre los distintos convenios internacionales vigentes en España y la dispersa normativa que regula esta materia [...]".

Es innegable que cada país es autónomo y soberano al expedir sus leyes y está en plena libertad de regular las actividades marítimas según su propio criterio y de acuerdo con sus propios intereses. No obstante, en la medida en que exista una regulación internacional sobre una determinada materia del derecho marítimo mediante un convenio internacional y el país esté de acuerdo con su contenido, la mejor forma de proceder es con la ratificación de dicho convenio y su incorporación al derecho interno. Esta es la mejor manera de actualizar y modernizar su derecho marítimo y de propender por la unificación de la materia.

Existen muchos países, particularmente en Latinoamérica, que optan por expedir una legislación marítima interna en la que copian, total o parcialmente, uno o varios de los convenios internacionales que regulan una determinada actividad marítima; y lo hacen a veces mediante una copia textual y en otras ocasiones introduciendo modificaciones al texto del convenio internacional, de alguna manera tomando el convenio en cuestión como una ley modelo.

En criterio del autor, esta última metodología es contraria al propósito de unificación del derecho marítimo, pues, como mencioné anteriormente, en la actualidad el principal y más efectivo medio de unificación del derecho marítimo es el de los convenios internacionales. Pero para que este método cumpla con este objetivo, lo más apropiado es que, primero, se ratifique el convenio internacional y, posteriormente, se expida una legislación marítima interna que lo implemente y lo complemente, en lo que sea necesario. Esto es, precisamente, lo que hace la Ley de Navegación Marítima de España (Ley 14 de 2014).

IV. La autonomía del derecho marítimo en Colombia

Actualmente en Colombia el derecho marítimo no es una rama autónoma, y ni siquiera una rama especial, del derecho, por cuanto el país tiene una legislación marítima incompleta, desarticulada y desactualizada.

Incompleta, porque no regula integralmente la materia, ya que carecemos de legislación sobre aspectos importantes de la navegación marítima, como el contrato de remolque, la remoción de restos de naufragios, las actividades costa afuera y la navegación turística, deportiva y de recreo, entre otras.

Desarticulada, porque no contempla un sistema de principios y de fuentes que permita la interacción del derecho marítimo con otras ramas del derecho.

Y desactualizada, porque el país tiene un importante rezago en la ratificación de convenios internacionales de extendida aplicación, no contempla sujetos y figuras de la navegación marítima ampliamente aceptados a escala internacional y existentes en el comercio marítimo nacional (agente protector de la nave, transportador efectivo, contrato de manipulación portuaria, etc.) y, además, se trata de una legislación que, en su mayor parte, es anterior a la Constitución Política de 1991, carente de armonización con el nuevo marco constitucional que rige al país desde hace más de 25 años y, más importante aún, propia de un país con una política económica proteccionista, y no de un país con apertura hacia la globalización, la integración, el comercio internacional, el multimodalismo, la logística y la tecnología.

El derecho marítimo colombiano está comprendido, mayormente, en el Código de Comercio de 1971; pero su contenido y su estructura ya estaban desactualizados frente a los desarrollos normativos internacionales desde el momento mismo de su expedición. Otra parte importante se encuentra en el Decreto Ley 2324 de 1984, norma que, si bien ha sido de gran utilidad para el fortalecimiento de nuestra autoridad marítima, muestra claras necesidades de actualización en aspectos tales como el procedimiento para la investigación de accidentes y siniestros marítimos, el régimen sancionatorio, el régimen administrativo de la nave y los artefactos navales, la construcción de naves, las concesiones marítimas y las exploraciones marinas y costeras, entre otros temas. Y existen otras normas, como la Ley 2133 de 2021 (que reemplazó a la Ley 730 de 2001) sobre registro y matrícula de naves y la Ley 658 de 2001 sobre el servicio de practicaje. La mayoría de estas normas han sido objeto de críticas, lo cual amerita también su revisión y su actualización; incluso, la recientemente expedida Ley 2133 de 2021, sobre registro de naves, aún mantiene aspectos que habían sido duramente criticados del régimen anterior y que dificultan el abanderamiento de naves en Colombia.

Sin embargo, debo resaltar que el derecho marítimo colombiano no siempre tuvo esta característica de dispersión y desarticulación. Por el contrario, antes de 1971 Colombia contaba con un Código de Comercio Marítimo, que rigió desde 1870, fue reformado en 1873 y adoptado como ley de la Nación por la Ley 57 de 1887. El Código de Comercio Marítimo regulaba integralmente la materia y contemplaba la existencia de tribunales de comercio encargados de su aplicación, en un compendio normativo que, para la época, y aún hoy, constituía un verdadero régimen marítimo colombiano, cuyo estudio y análisis escapan al alcance del presente escrito.

V. Ley Modelo Marítima Iberoamericana

El Instituto Iberoamericano de Derecho Marítimo (IIDM), fundado en 1987, tiene entre sus objetivos principales abogar por la uniformidad del Derecho Marítimo en Iberoamérica. Uno de sus proyectos, iniciado en el 2007 y aún en proceso de desarrollo, es la formulación de un proyecto de Ley Modelo Iberoamericana de Derecho Marítimo. El coordinador de aquel, Dr. Luis Cova Arria, presentó el estado actual del proyecto de Ley Modelo Marítima Iberoamericana en el Congreso del IIDM realizado en Lisboa en el 2014. El texto de este proyecto corresponde a las actualizaciones hechas mediante mesas de trabajo con ocasión del Congreso del Instituto celebrado en Panamá en el 2012.

Durante el 2021, por iniciativa de la Presidencia del IIDM a cargo de Perú, se adelantó una nueva revisión y actualización del Proyecto de Ley Modelo Marítima Iberoamericana[20], cuyo texto fue entregado y presentado a la Asamblea del Instituto realizada en el mes de diciembre

20 Esta revisión se hizo por parte de una comisión designada por la presidenta del IIDM, Dra. Katerina Vuskovic, y que estuvo integrada por la Dra. Patricia Martínez de Fortoul, el Dr. Luis Cova Arria y el autor de este libro; la comisión también contó con el apoyo del profesor Rafael Illescas.

de 2021, para su divulgación, estudio y posterior presentación para aprobación de la siguiente Asamblea del IIDM.

El texto del proyecto de Ley Modelo Iberoamericana de Derecho Marítimo ha tomado como fuentes inspiradoras los principales convenios internacionales marítimos que se analizarán en esta publicación, así como las leyes de navegación y de comercio marítimo de países como Argentina, Venezuela, Chile (el libro III de su Código de Comercio) y el entonces proyecto de ley de navegación marítima de España (hoy convertido en Ley 14 de 2014, con varias modificaciones).

Este proyecto constituye un importante referente para el estudio de un nuevo régimen marítimo en cualquier país iberoamericano, teniendo en cuenta el origen y la estructuración de este texto legal.

VI. Ley de Navegación Marítima de Colombia

En opinión del autor, para el beneficio de la política marítima nacional, el desarrollo de las actividades marítimas y, en general, el mejoramiento de la competitividad, es conveniente y recomendable propender a la autonomía del derecho marítimo colombiano.

Para ello, estimo necesario, en primer lugar, presentar a consideración del Congreso de la República un conjunto de proyectos de ley mediante los cuales se adhiera a, o se ratifiquen, los principales convenios internacionales marítimos que se describen en este escrito, pues la adopción de convenios internacionales es el método más efectivo para la modernización y la unificación del derecho marítimo. Y, en segundo lugar, que se construya un proyecto de ley que reúna toda la legislación marítima en un solo instrumento normativo, bajo la forma de una ley de navegación marítima que, por una parte, implemente y complemente los principales convenios internacionales marítimos previamente incorporados a la legislación interna y, por la otra, contemple los aspectos especiales que caracterizan al derecho marítimo, como son su integralidad, su especialidad y su internacionalidad, que describo brevemente a continuación[21].

21 Esta fue la recomendación formulada por la Consultoría GEA adelantada para Dimar en 2016, en cuyo Informe n.º 1 (p. 12) se expresó lo siguiente: "[...] es importante que la estructuración de la ley de navegación esté precedida por una política de ratificación de los convenios internacionales que sean convenientes para el país, de modo tal que la ley no sea contradictoria, sino complementaria con ellos. En todo caso, la ley debe contemplar expresamente –como en España y en México–, que sus normas deben aplicarse e interpretarse teniendo en cuenta la internacionalidad de la materia que regulan con el fin de procurar la uniformidad del derecho marítimo".

CAPÍTULO II
MODERNIZACIÓN DEL DERECHO MARÍTIMO COLOMBIANO

Como se expuso, los convenios internacionales marítimos constituyen en la actualidad el principal y más eficaz método de unificación del derecho marítimo. Por tal motivo, a juicio del autor, la modernización del derecho marítimo colombiano debe acometer, como primer paso, la ratificación de, o la adhesión a, los principales convenios internacionales que ofrece la comunidad marítima internacional y que son recomendados por organizaciones públicas y privadas del sector marítimo tan importantes como la OMI, el Comité Marítimo Internacional, la UNCTAD y la UNCITRAL.

Una vez hecho esto, el segundo paso debe ser la expedición de una ley de navegación marítima colombiana, que implemente y complemente el régimen marítimo internacional comprendido en los mencionados convenios internacionales.

La implementación de los convenios internacionales es determinante para su adecuada incorporación y su funcionamiento en el derecho interno. Los convenios internacionales regulan los aspectos esenciales de la materia que constituye su objeto. Pero por estar llamados a ser de aplicación en diferentes países, con distintos regímenes y sistemas legales, no se ocupan de aspectos tales como las autoridades competentes para la aplicación del convenio (autoridades competentes de ejecución, de supervisión y de cumplimiento), ni de los procedimientos necesarios para hacer efectivos los derechos consagrados en el convenio (jueces de conocimiento y de ejecución, tipos de procesos aplicables, legitimación en la causa, garantías, etc.), ni de los métodos de liquidación y de conversión de los valores monetarios o económicos previstos en el convenio, entre otros temas. Por tal razón, tras la ratificación o la adhesión al convenio, siempre resulta conveniente, y a veces necesario, expedir una ley o un reglamento, según el caso (en ocasiones se requiere de ambos instrumentos normativos), que implemente los citados aspectos no incluidos en el respectivo convenio internacional.

De otra parte, hay muchas materias del derecho marítimo respecto de las cuales no existe convenio internacional alguno, bien sea porque la comunidad marítima no lo ha considerado necesario, o porque no existe acuerdo sobre su necesidad, o bien porque a pesar de estimarlo necesario no se ha logrado un acuerdo sobre su contenido[22]. Y es en este aspecto que se requiere la complementación de los convenios internacionales. Esta tarea de complementación compete a la ley interna de cada país, mediante la cual se deben regular aquellos aspectos del derecho marítimo que carecen de un convenio internacional, por cualquiera de las razones anotadas.

---

22 Por ejemplo, no existe convenio internacional sobre seguros marítimos ni sobre contratos de fletamento de naves, pues no se consideran necesarios. Tampoco sobre responsabilidad por derrames de hidrocarburos provenientes de plataformas *off shore*, ya que existe un debate internacional sobre si es necesario. Y aunque existe acuerdo sobre la necesidad de contar con un convenio internacional que regule la responsabilidad de puertos y terminales, así como sobre los contratos de transporte multimodal, no se ha podido lograr un consenso sobre su contenido.

No debe pasarse por alto que puede haber eventos en los que, a pesar de existir un convenio internacional sobre determinada materia del derecho marítimo, un país decida no incorporarlo a su legislación porque no resulta conveniente para sus intereses políticos o económicos, porque es contrario a normas fundamentales de su régimen legal, o porque no concuerda con su política marítima. En tales casos, también, tales materias deben ser objeto de regulación mediante ley interna.

En otras palabras, la ratificación o adhesión a los convenios internacionales es una etapa necesaria e ineludible, pero nunca suficiente, para la modernización del derecho marítimo colombiano, y de cualquier país.

Así, para la modernización del derecho marítimo de un país siempre es indispensable contar con una sólida y bien estructurada ley de navegación marítima interna que, precedida por la ratificación o adhesión a los convenios internacionales que le resulten convenientes y acordes con su propia política marítima, por una parte, implemente los convenios incorporados, y por la otra, los complemente mediante la regulación de las materias que no son cubiertas por ellos.

La ley de navegación marítima debe procurar la autonomía del derecho marítimo, en los términos ya expuestos. Y, en todo caso, debe tener en cuenta la integralidad, la especialidad y la internacionalidad del derecho marítimo, a lo que haré breve referencia a continuación.

I. Integralidad del derecho marítimo

El derecho marítimo comprende normas de derecho público y normas de derecho privado. Abarca aspectos administrativos (registro de naves, normas de marina mercante, licencias, accidentes y siniestros marítimos, sanciones), aspectos comerciales (contratos, seguros, créditos, garantías, privilegios marítimos, hipotecas, servicios), aspectos operativos de la navegación seguridad, pilotaje, remolque, inspecciones), aspectos ambientales (control, sanción y prevención de la contaminación marina), aspectos laborales (contratos de enrolamiento o de ajuste), aspectos procesales (normas procesales especiales marítimas) y aspectos penales (delitos propios de la navegación o relacionados con ella).

Por lo tanto, un régimen marítimo debe abarcar todos estos aspectos de la navegación, que involucran diferentes ramas del derecho, mediante una regulación integral que adapte las diferentes disciplinas jurídicas que convergen en la navegación a las necesidades propias del medio marino.

II. Especialidad del derecho marítimo

Muchas figuras jurídicas son propias y exclusivas del derecho marítimo, como es el caso de la avería gruesa, el pilotaje, los privilegios marítimos, el embargo preventivo de naves y el salvamento. Otras tantas nacieron en el derecho marítimo y se han extendido a otras disciplinas, pero con características diferentes a la institución original del derecho marítimo, como es el caso de los seguros y de los contratos de fletamento. Y hay otras instituciones jurídicas que no son exclusivas del derecho marítimo, pero deben regularse en forma especial y diferente, teniendo en cuenta las características propias del medio marino, como las actividades de exploración y explotación de hidrocarburos en plataformas *off-shore*, los contratos de trabajo de la gente de mar y los aspectos procesales.

Por lo tanto, estas especialidades o particularidades del derecho marítimo implican que una ley de navegación deba contemplarlas en forma detallada, bien sea mediante una regulación integral, o bien mediante normas especiales de aplicación preferencial, frente a la regulación general que se encuentre en otros cuerpos normativos (código civil, código de comercio, código laboral, código procesal).

III. Internacionalidad del derecho marítimo

La navegación es una actividad internacional, y su regulación jurídica debe atender esta característica. De hecho, los convenios internacionales constituyen una de las principales fuentes del derecho marítimo. Del mismo modo, los usos y costumbres del derecho marítimo son también reconocidos como una de sus fuentes, y a ellos se hace referencia expresa tanto en la jurisprudencia de países del *common law* como en algunas leyes de países pertenecientes a sistemas de derecho romano-germánico (*civil law*). La internacionalidad del derecho marítimo también se refleja en el "derecho formulario", haciendo referencia a la forma en que se regulan algunas figuras del derecho marítimo mediante "contratos tipo" o "formatos contractuales" de extendida aplicación internacional, como ocurre con el salvamento, el remolque y los contratos de fletamento.

Esto implica que un régimen marítimo o una ley de navegación marítima tengan en cuenta la internacionalidad de la materia como una de sus principales características al diseñar su sistema de fuentes.

En tal sentido, es importante que la estructuración de la ley de navegación esté precedida por una política de ratificación de los convenios internacionales que sean convenientes para el país, de modo tal que la ley no sea contradictoria, sino complementaria con ellos.

En todo caso, la ley debe contemplar expresamente –como en España[23] y en México[24]– que sus normas deben aplicarse e interpretarse teniendo en cuenta la internacionalidad de la materia que regulan, con el fin de procurar la uniformidad del derecho marítimo.

IV. Objeto de la Ley de Navegación Marítima de Colombia

En general, el objeto de la Ley de Navegación Marítima de Colombia (LNMC) debe ser la regulación de todos los hechos, relaciones, situaciones y aspectos propios de la navegación marítima. Para este efecto, es preciso que la ley defina qué se entiende por navegación marítima; en general, para efectos legales, esta se extiende a la navegación por aguas interiores (ríos, lagos, canales, embalses),

---

23 Ley de Navegación Marítima (Ley 14 de 2014). Artículo 2. Fuentes e interpretación.
1. La presente ley se aplicará en tanto no se oponga a lo dispuesto en los tratados internacionales vigentes en España y en las normas de la Unión Europea que regulen la misma materia.
De forma supletoria se estará a las leyes y reglamentos complementarios y a los usos y costumbres relativos a la navegación marítima. A falta de todo ello y en cuanto no se pudiere recurrir a la analogía se aplicará el Derecho común.
2. En todo caso, para la interpretación de las normas de esta ley se atenderá a la regulación contenida en los tratados internacionales vigentes en España y la conveniencia de promover la uniformidad en la regulación de las materias objeto de la misma.

24 Ley de Navegación y Comercio Marítimos de México (2006). Art. 264, inciso 3°: En la interpretación de los tratados internacionales y de las reglas internacionales referidas por esta Ley, las autoridades judiciales y administrativas deberán fundar sus resoluciones y actos administrativos tomando en consideración el carácter uniforme del derecho marítimo. De igual manera lo harán, en la interpretación de contratos o cláusulas tipo internacionalmente aceptados, las resoluciones y actos administrativos tomarán en consideración que el contrato o cláusula pactados, correspondan al contenido obligacional, tal y como se acepten en el ámbito internacional.

en la medida en que exista conexión entre estas aguas interiores y las aguas marítimas y los buques de navegación marítima puedan acceder a dichas aguas interiores.

De igual manera, el objeto de la ley debe contemplar su ámbito de aplicación en relación con las naves sujetas a ella, aspecto en el que generalmente se excluye la aplicación de la norma a los buques de Estado, los cuales deben ser también definidos.

En general, el objeto de la ley de navegación marítima debe tener en cuenta tres aspectos. El primero es su aplicación a todos los buques de bandera nacional, independientemente de donde se encuentren, su aplicación a los buques de bandera extranjera mientras se encuentren en aguas jurisdiccionales y su no aplicación a los considerados como buques de Estado. El segundo es su aplicación a las naves, y también a los artefactos navales, o a construcciones que no se encuadren a la definición de buque que adopte la ley (aplicación total, exclusión o aplicación limitada). Y el tercero es la aplicación de la ley a las actividades de navegación marítima y también a las actividades de navegación en aguas interiores, como ríos, lagos y canales; en este aspecto, hay varias tendencias que es preciso analizar, teniendo en cuenta los vacíos y los conflictos que suelen existir entre las regulaciones de la navegación marítima y las de la navegación fluvial.

V. Facultades reglamentarias de la autoridad marítima

Originalmente, el Decreto Ley 2324 de 1984 (art. 5.º) otorgaba a Dimar facultades de regulación de las actividades marítimas, incluyendo el fomento y la promoción de la marina mercante, así como la construcción y reparación naval, y las actividades relacionadas con el arribo, atraque, maniobra, fondeo, remolque y zarpe de las naves y artefactos navales, entre otras materias.

Sin embargo, la Corte Suprema de Justicia declaró inexequibles la mayoría de las facultades regulatorias de Dimar, por considerar que dichas facultades regulatorias corresponden al Congreso de la República y no pueden delegarse en una entidad administrativa como Dimar. La Sentencia de 22 de agosto de 1985, expedida antes de la Constitución de 1991, solamente dejó en vigencia las facultades regulatorias de Dimar contempladas en los numerales 5 y 9 del Decreto Ley 2324 de 1984, relativos a las actividades relacionadas con la seguridad de la navegación en general, la seguridad de la vida humana en el mar, la búsqueda y salvamento marítimo y fijar la dotación de personal para las naves (num. 5), así como a la inscripción, registro, inspección, clasificación, matrícula de las naves y artefactos navales (num. 9).

Desde la época en que fue proferida esta sentencia de constitucionalidad (el control constitucional en ese entonces estaba a cargo de la Sala Constitucional de la Corte Suprema de Justicia) se han producido muchos cambios en el orden político, legislativo e institucional colombianos, iniciando por un nuevo régimen constitucional, el desarrollo de líneas jurisprudenciales que diferencian los conceptos de regulación y de reglamentación, y la ratificación de convenios internacionales marítimos con un alto contenido técnico[25].

---

25 La Corte Constitucional tiene un desarrollo jurisprudencial en este sentido: indica que la potestad reglamentaria no se encuentra únicamente en cabeza del Presidente de la República –en virtud del artículo 189 de la Constitución Política–, sino que los organismos y autoridades que en la jerarquía administrativa lo suceden asumen cierta potestad regulativa, de carácter residual, accesorio o auxiliar. En relación con eso, la Corporación ha indicado: "No obstante, en el terreno de la aplicación de la Ley,

Por tal motivo, la consultoría adelantada para Dimar en el 2016 (Consultoría GEA) recomendó revisar a profundidad las facultades reglamentarias de Dimar, a la luz de la Constitución Política de 1991, y consagrar en un proyecto de ley de navegación marítima unas atribuciones permanentes que permitan a la autoridad marítima expedir las reglamentaciones que sean necesarias para el control y funcionamiento de la navegación y de las actividades marítimas, en beneficio de la seguridad y el medio ambiente marino[26].

---

el aparato estatal también enfrenta la progresiva necesidad de afinar las disposiciones jurídicas con el fin de extender la voluntad del legislador a todos los campos a los que va dirigida. Es así como nuestro sistema jurídico ha dispuesto que la cabeza del Ejecutivo –el Presidente de la República– tiene entre sus funciones la de reglamentar la Ley (Art. 189-11), es decir, la de determinar la forma en que aquella debe ejecutarse o cumplirse, mientras que los organismos y autoridades que en la jerarquía administrativa lo suceden asumen cierta potestad regulativa, de carácter residual, accesorio o auxiliar, que los habilita para insertar la voluntad del legislador en las últimas posibilidades de aplicación de la norma general". Corte Constitucional. Sentencia C-917 de 29 de octubre de 2002. M. P.: Marco Gerardo Monroy Cabra.

26 *Cfr.*: Consultoría GEA, Informe n.º 2. Estas atribuciones que se recomienda consagrar para Dimar nacen por las necesidades particulares y técnicas que surgen en la práctica al ejecutar la ley y que desbordan la esfera del Congreso de la República y del Presidente de la República en ejercicio de la potestad reglamentaria, tal como sucede en el caso de Dimar; esta es la autoridad con el conocimiento técnico en los temas expuestos en este escrito. Es por ello que la Corte Constitucional ha indicado lo siguiente: "Por demás, la jurisprudencia constitucional ha reconocido a los organismos y a las autoridades que en la jerarquía administrativa lo suceden al Presidente de la República, una cierta competencia regulativa, de carácter residual, accesorio o auxiliar, que los habilita para insertar la voluntad del legislador en las últimas posibilidades de aplicación de la norma general". Como lo ha señalado la Corte, resulta preciso tener presente que mientras al Presidente le corresponde expedir criterios para la debida observancia de la voluntad legislativa, los órganos subordinados deben, por su parte, emitir la regulación "necesaria para pormenorizar el proceso de implantación de esa voluntad. Es esta una función de afinamiento que procede

Bajo el régimen legal actual, Dimar cuenta con facultades para expedir las reglamentaciones técnicas para las actividades marítimas, la seguridad de la vida humana en el mar y la prevención de la contaminación marina provenientes de buques (artículo 2.° del Decreto 5057 de 2009). No obstante, a juicio del autor, las facultades reglamentarias de Dimar deben comprender diversos aspectos de la navegación y las actividades marítimas, e incluir la implementación de los convenios internacionales que contemplan medidas de carácter técnico, náutico y ambiental, que comprometen al país en su desarrollo y aplicación práctica.

La Corte Constitucional, en Sentencia C-212 de 1994, señaló que Dimar es la autoridad estatal que, por su especialidad, está llamada a adoptar las medidas necesarias para que el país cumpla adecuadamente los compromisos internacionales adquiridos en los convenios sobre protección del medio ambiente marino. A juicio del autor, esta afirmación no se debe limitar a los convenios ambientales, sino a todos los convenios internacionales que implican aspectos técnicos y náuticos de las actividades marítimas, entre los que podemos mencionar el convenio SOLAS, el convenio MARPOL y el convenio OPRC, todos ellos ya ratificados por Colombia; adicionalmente, existen otros convenios cuya ratificación recomienda el autor y que también requieren de la adopción de reglamentaciones

---

desde los trazos más amplios fijados por el legislador hasta los detalles prácticos más concretos, establecidos por el ejecutor de la medida".
La idea central en este lugar es que son precisamente los entes administrativos los que más cercanía reportan frente a "los temas reales de implementación de la legislación". Ello trae como consecuencia que sean estos organismos quienes deban ser los encargados de aquello que la Corte denomina "microrregulación de la ley". Corte Constitucional. Sentencia C-1005 de 15 de octubre 2008. M. P.: Humberto Sierra Porto.

técnicas, como son el convenio INTERVENTION 69, el convenio CDL/LDC 72/96 y el convenio BWM 04, lo cual reafirma la necesidad de que Dimar cuente con claras y específicas atribuciones reglamentarias respecto de los aspectos técnicos, náuticos y ambientales de la navegación.

En tal sentido, y siguiendo los lineamientos de la OECD en cuanto a la metodología para la expedición y compilación de las reglamentaciones de un país, la consultoría adelantada por Dimar en el 2016 propuso que la autoridad marítima compilara las reglamentaciones técnicas vigentes en un solo cuerpo normativo, que se sugirió denominar como Reglamento Marítimo Colombiano (Remac), que comprenda la reglamentación de los aspectos técnicos, náuticos, ambientales, de control y de inspección de la navegación y las actividades marítimas, en beneficio de la seguridad y la protección del medio ambiente marino.

Esta recomendación fue adoptada por Dimar y mediante la expedición de la Resolución 135 del 27 de febrero de 2018 se creó el Reglamento Marítimo Colombiano (Remac). De acuerdo con el artículo 2.º de dicha resolución, el Remac tiene los siguientes definición y objeto:

> Artículo 2.º Concepto y finalidad. El Reglamento Marítimo Colombiano (Remac) será un documento reglamentario de *índole* técnico-marítima, cuyo fin principal consiste en la compilación y estructuración de todas y cada una de las resoluciones vigentes, de carácter general, expedidas por la Dirección General Marítima y las Capitanías de Puerto regionales, en cuyo contenido figuren aspectos relacionados con temas técnicos de la normatividad marítima.

El artículo 3.º de la Resolución 135 de 2018 estableció el contenido original del Remac, dividiéndolo en las siguientes secciones: (i) Definiciones; (ii) Generalidades; (iii) Gente de mar, apoyo en tierra y empresas; (iv) Actividades marítimas; (v) Protección del medio marino y litorales; (vi) Seguros y tarifas; (vii) Violación a normas de marina mercante; y (viii) Solicitudes especiales y transitorias.

Teniendo en cuenta la naturaleza propia de las actividades marítimas y los cambios que puede existir en su normatividad, se previeron mecanismos para la actualización permanente del Remac, como se expresa en los artículos 4.° y 5.° de la Resolución 135 de 2018, así:

> Artículo 4°. Compilación. La compilación de que trata el Reglamento Marítimo Colombiano (Remac) se contrae a la normatividad vigente al momento de su expedición, sin perjuicio de aquellas que se incorporen con posterioridad a su entrada en vigencia, siempre que versen sobre aspectos técnicos marítimos emanados de resoluciones de carácter general, expedidas por la Dirección General Marítima y las Capitanías de Puerto regionales.
>
> Artículo 5°. Incorporación. Las resoluciones de carácter general que sean expedidas por la Dirección General Marítima y las Capitanías de Puerto regionales con posterioridad a la publicación de la presente resolución, en cuyo contenido figuren aspectos relacionados con temas técnicos de la normatividad marítima, deberán ser incorporadas obligatoriamente al Reglamento Marítimo Colombiano (Remac), dando estricto cumplimiento a la estructura establecida en *él*, de acuerdo al objeto que *éstas* regulen.

En la actualidad, el Remac puede consultarse en la página web de Dimar[27] y tiene las siguientes secciones:

- Definiciones
- Generalidades
- Gente de mar, apoyo en tierra y empresas

---

27 https://www.dimar.mil.co/reglamento-maritimo-colombiano-remac

- Actividades marítimas
- Protección del medio marino y litorales
- Seguros y tarifas
- Asuntos jurisdiccionales y actuaciones administrativas sancionatorias
- Disposiciones especiales y transitorias

El Remac constituye, sin duda, un importante avance en la modernización de la legislación marítima de nuestro país. No obstante, a juicio del autor resulta recomendable que su expedición y actualización se contemple como una facultad permanente de Dimar, y su contenido y alcance se extienda a todos los aspectos técnicos, náuticos, ambientales, de control y de inspección de la navegación y las actividades marítimas, en beneficio de la seguridad y la protección del medio ambiente marino, incluyendo, al menos, los siguientes temas:

1. Construcción y reparación de naves, artefactos navales y plataformas marítimas.
2. Operación de las naves, artefactos navales y plataformas marítimas.
3. Seguridad en la navegación y las actividades marítimas.
4. Arribo, atraque, maniobra, fondeo, remolque y zarpe de las naves y artefactos navales.
5. Inspección de naves, artefactos navales y plataformas marítimas.
6. Formación y titulación de gente de mar.
7. Protección del medio ambiente marino y prevención y control de la contaminación ambiental marina.
8. Implementación de convenios internacionales de carácter técnico.

VI. Contenido de la Ley de Navegación Marítima

El contenido de la Ley de Navegación Marítima de Colombia (LNMC) puede variar según el alcance que se quiera dar a dicho instrumento normativo. En tal sentido, sugiero el siguiente contenido de la ley:

1. Disposiciones generales
2. Fuentes del derecho marítimo
3. Normas de conflicto
4. Definiciones básicas
5. Facultades reglamentarias de la autoridad marítima
6. Régimen de bienes de uso público (playas y terrenos de bajamar–islas, islotes y cayos)
7. Patrimonio cultural sumergido
8. El buque
9. Registro y matrícula de embarcaciones
10. Regulación de la navegación:

10.1 Arribo y despacho de embarcaciones

10.2 Inspecciones (facultad de interceptación, inspección o detención)

10.3 Control de tráfico marítimo

10.4 Pilotaje

10.5 Remolque

10.6 Seguridad en la navegación

10.7 Violación de normas de marina mercante (régimen sancionatorio)

11. Navegación turística, deportiva y de recreo
12. Marinas
13. Actividades costa afuera (*off-shore*)
14. Sujetos del derecho marítimo
15. Formación y titulación de la gente de mar
16. Régimen laboral de la gente de mar
17. Créditos y privilegios marítimos

18. Hipoteca naval
19. Contaminación marina
20. Contratos de utilización del buque y contratos de servicios auxiliares de la navegación
20.1 Contrato de fletamento a casco desnudo
20.2 Contrato de fletamento por tiempo
20.3 Contrato de fletamento por viaje
20.4 Contrato de transporte de mercancías bajo conocimiento de embarque
20.5 Contrato de transporte de personas por mar
20.6 Contrato de remolque (transporte – maniobra)
20.7 Contrato de pilotaje
20.8 Contrato de administración de buque
20.9 Contrato de consignación de buque
20.10 Contrato de manipulación portuaria
21. Responsabilidad de puertos, terminales de carga y operadores portuarios
22. Contrato de construcción naval
23. Contrato de compraventa de buque
24. Riesgos de la navegación marítima
24.1 Abordaje
24.2 Salvamento
24.3 Avería gruesa
24.4 Remoción de restos de naufragios
25. Responsabilidad civil del armador y límites indemnizatorios
26. Seguro marítimo
26.1 Seguros obligatorios
27. Procedimientos marítimos
27.1 Atribución de jurisdicción
27.2 Acciones (*in rem* e *in personam*)
27.3 Régimen probatorio
27.4 Embargo preventivo de buque
27.5 Venta forzada del buque

27.6 Peritaje naval

27.7 Destrucción y pérdida del conocimiento de embarque

27.8 Arbitraje marítimo

27.9 Disposiciones aplicables en casos de accidentes o siniestros marítimos

28. Puertos o lugares de refugio

29. Régimen penal especial de las actividades marítimas

VII. Disposiciones generales

Las disposiciones generales deben precisar el ámbito de aplicación de la ley de navegación marítima, así como sus objetivos generales. Adicionalmente, la ley debe tener en cuenta tres ámbitos de aplicación, a saber:

a. Su aplicación a todos los buques de bandera nacional, independientemente de donde se encuentren, su aplicación a los buques de bandera extranjera mientras se encuentren en aguas jurisdiccionales y su no aplicación a los considerados como buques de Estado.

b. Su aplicación a las naves, y también a los artefactos navales, o a construcciones que no se encuadren a la definición de buque que adopte la ley (aplicación total, exclusión o aplicación limitada).

c. Su aplicación a las actividades de navegación marítima y también a las actividades de navegación en aguas interiores, como ríos, lagos y canales; en este aspecto, hay varias tendencias que es preciso analizar, teniendo en cuenta los vacíos y los conflictos que suelen existir entre las regulaciones de la navegación marítima y las de la navegación fluvial.

VIII. Fuentes del derecho marítimo y normas de conflicto

El sistema de fuentes debe partir de la autonomía y el particularismo del derecho marítimo, lo cual debe ser previsto en forma clara y completa en las normas iniciales de la ley de navegación marítima. Conforme a estas disposiciones, el derecho marítimo se debe fundamentar en la Constitución Política, la especialidad de la ley y la internacionalidad del derecho marítimo. Las estipulaciones de las partes se aplicarán en forma preferente, salvo existencia de norma expresamente imperativa. Los convenios internacionales ratificados por Colombia se aplicarán con preferencia a la ley. En forma supletoria se aplicarán los usos y costumbres del derecho marítimo y el derecho formulario (los formatos internacionales de contratos marítimos). En forma residual se aplicará el derecho comercial (Código de Comercio) y el derecho civil (Código Civil), en su orden. En todo caso, la aplicación y la interpretación del Derecho Marítimo tendrán en cuenta el propósito de uniformidad y su carácter internacional.

Estas normas buscan resolver los conflictos que se presentan en la aplicación de la ley en el espacio y en el tiempo. Deben contener principios, reglas y orientaciones para resolver la aplicación de convenios internacionales frente a la ley nacional, de la ley nacional frente a leyes extranjeras, de normas positivas frente a estipulaciones de las partes, de estipulaciones de las partes frente a usos y costumbres y de normas especiales de la legislación marítima frente a normas de otros regímenes (penal, civil, comercial, laboral, administrativo, ambiental, etc.).

La primera orientación sobre este tema es la consagración de la primacía de la Constitución Política sobre cualquier norma especial del derecho marítimo, observando, sin embargo, los convenios internacionales ratificados por Colombia.

En segundo lugar, y teniendo en cuenta la internacionalidad de las actividades marítimas y del derecho marítimo en sí mismo, se propone consagrar la prevalencia de los convenios internacionales sobre las normas nacionales, en caso de conflicto entre ellos.

El tercer orden de precedencia es el de la norma especial sobre la norma general, como ya está consagrado en el artículo 5.º, numeral 1.º, de la Ley 57 de 1887. No obstante, dada la autonomía o la especialidad del derecho marítimo, estimo necesario incorporar en la Ley de Navegación Marítima una norma expresa sobre la prevalencia de la norma especial marítima sobre la norma general que, sobre un determinado tema, pertenezca a otra rama del derecho, como el derecho civil, el laboral o el comercial, de modo tal que estos regímenes solo se apliquen en defecto de norma especial del régimen marítimo. En este sentido, un ejemplo que puede servir de referencia es el artículo 2.º de la Ley de Navegación Marítima de España (Ley 14 de 2014) y el artículo 6.º de la Ley de Navegación y Comercio Marítimos de México de 2006.

Con base en estas dos normas, y teniendo en cuenta la prevalencia de la Constitución Política en Colombia, propongo el siguiente orden de prelación en el derecho marítimo:

1. La Constitución Política.
2. Los convenios internacionales ratificados o adheridos por Colombia.
3. La Ley de Navegación Marítima.
4. Los decretos y resoluciones reglamentarios de la Ley de Navegación Marítima.
5. Las estipulaciones de las partes, que no sean contrarias a una norma imperativa.

6. Los usos y costumbres de la navegación y el comercio marítimo, incluyendo las estipulaciones usuales de los contratos tipo.

7. La analogía aplicada dentro de las normas y las fuentes especiales del derecho marítimo.

8. Los precedentes jurisprudenciales del derecho marítimo.

9. El derecho común, entendiendo por este las normas de las otras ramas del derecho, como el derecho comercial, el derecho laboral, el derecho administrativo, el derecho civil y el derecho penal, con sus propios mecanismos de aplicación de la analogía, la jurisprudencia y los usos y las costumbres.

De igual modo, recomiendo incluir el concepto de seguridad marítima como criterio predominante en la aplicación e interpretación de las normas del derecho marítimo, de modo tal que siempre se prefiera la norma, y su interpretación, que beneficien la seguridad en la navegación y en las actividades marítimas.

Finalmente, al igual que ocurre en las legislaciones de España y de México, estimo necesario consagrar expresamente que la aplicación e interpretación de la Ley de Navegación Marítima y de los convenios internacionales marítimos se deberá hacer teniendo en cuenta la internacionalidad del derecho marítimo y la necesidad de propender a su uniformidad, por lo que se deben tener en consideración la doctrina y la jurisprudencia, tanto nacional como internacional, sobre estas materias.

CAPÍTULO III
CONVENIOS INTERNACIONALES MARÍTIMOS

En el contexto de lo expuesto hasta ahora, a continuación relaciono los principales convenios internacionales marítimos que considero comprenden una parte importante de la regulación internacional de las actividades marítimas. A mi juicio, estos convenios deben ser tenidos en cuenta por cada país, y en particular por Colombia, al acometer una iniciativa de actualización y modernización de su derecho marítimo. La ratificación de estos convenios internacionales, o su adhesión, según el caso, constituirá un importante avance en las iniciativas reformadoras de esta rama del derecho.

De acuerdo con lo establecido en el artículo 11 de la Convención de Viena sobre Derecho de los Tratados, de 1969, "el consentimiento de un Estado en obligarse por un tratado podrá manifestarse mediante la firma, el canje de instrumentos que constituyan un tratado, la ratificación, la aceptación, la aprobación o la adhesión, o en cualquier otra forma que se hubiere convenido".

Si un Estado ha firmado un convenio en el momento de su adopción, entonces será considerado un Estado Signatario del convenio. Y en los términos del artículo 18 de la citada Convención de Viena, el Estado Signatario "deberá abstenerse de actos en virtud de los cuales se frustren el objeto y el fin de un tratado". Es decir que, aun si no ha ratificado el tratado con posterioridad a su firma y, por ende, aún no es un Estado Parte o Estado Contratante de ese tratado o convenio en particular, todavía está obligado, con la sola firma, a abstenerse de adelantar actos mediante los cuales se frustren el objeto y el fin del tratado o convenio en cuestión.

Cuando un Estado ha firmado un convenio internacional, para manifestar su voluntad de obligarse al mismo y así convertirse en Estado Parte o Estado Contratante respecto de ese convenio, debe proceder con el proceso de ratificación conforme a su ley interna, que usualmente incorpora un procedimiento constitucional, y luego depositar el instrumento de ratificación ante el depositario del convenio.

Ahora bien, si un Estado no ha firmado el convenio, entonces la forma de manifestar su voluntad de obligarse al mismo y así convertirse en Estado Parte o Estado Contratante respecto de ese convenio, es la adhesión (art. 15 de la Convención de Viena sobre Derecho de los Tratados, de 1969). Y, en todo caso, posteriormente debe proceder con el canje o depósito del instrumento de adhesión ante el depositario del convenio (art. 15 *ibidem*).

Colombia ha ratificado algunos de los convenios marítimos internacionales que se reseñan en este escrito, ha firmado algunos otros y existen algunos más respecto de los cuales no es signatario.

Por lo tanto, respecto de los primeros, es decir, los que ya han sido ratificados, no existe ninguna acción pendiente, salvo que haya alguna enmienda o protocolo modificatorio que fuere necesario adoptar mediante adhesión, lo cual se señalará al comentar el respectivo convenio.

En cuanto a los convenios marítimos que Colombia ha firmado, la forma de adoptarlos es mediante la ratificación y el posterior canje o depósito del instrumento de ratificación ante el depositario del convenio.

Finalmente, en cuanto a aquellos convenios que Colombia no ha firmado ni ratificado, la forma para incorporarlos al ordenamiento jurídico nacional y obligarse internacionalmente a ellos es la adhesión y el posterior canje o depósito del instrumento de adhesión ante el depositario del convenio.

Hechas estas anotaciones, a continuación me referiré a un total de 20 convenios marítimos internacionales, respecto de los cuales he hecho una muy breve descripción de su objetivo, de su importancia para el país y de los países iberoamericanos que los han ratificado o adherido a ellos.

Para este efecto, he agrupado los convenios en los temas siguientes: (I) Seguridad en la navegación; (II) Prevención de la contaminación ambiental marina; (III) Responsabilidad y compensación; (IV) Transporte marítimo y (V) Otras materias.

I. Seguridad en la navegación

A. Convenio Internacional para la Seguridad de la Vida Humana en el Mar de 1974 (SOLAS)

1. *Reseña*

Este es el convenio internacional más importante sobre la seguridad de la navegación marítima y su objetivo es adoptar las medidas necesarias para salvaguardar la vida humana en el mar. Fue adoptado por primera vez en 1914, como respuesta a la tragedia del naufragio del "Titanic". Posteriormente se suscribieron varias versiones sucesivas en 1929, 1948 y 1960. La versión actual del convenio SOLAS (sigla en inglés de Safety of Life at Sea) data de 1974 e incorpora el sistema de aceptación tácita, mediante el cual una enmienda al convenio original entra en vigor automáticamente, sin necesidad de ratificación, cuando transcurrido un cierto tiempo no se reciban objeciones por parte de un número determinado de países. Este sistema de aceptación tácita, o de enmiendas automáticas, es muy útil para la permanente actualización del convenio, evitando las dilaciones propias que implica la reunión de ratificaciones o adhesiones posteriores por parte del número de países necesario para que una determinada enmienda entre en vigencia internacional.

El convenio SOLAS contiene una serie de normas mínimas aplicables a la construcción, el equipamiento y la operación de los buques, cuyo objeto es garantizar unos estándares mínimos de seguridad en la navegación marítima, de modo que se reduzca la posibilidad de ocurrencia de accidentes que pongan en peligro la vida humana. El Estado de abanderamiento de la nave es el responsable de exigir y verificar que la flota bajo su registro cumpla con las normas del convenio, el cual contempla la expedición de certificados en tal sentido. No obstante, cada Estado parte está facultado para supervisar que una nave que se encuentre dentro de su jurisdicción cumpla con las disposiciones de seguridad del convenio, lo cual hace por medio del ejercicio de las inspecciones propias del "Estado Rector del Puerto".

SOLAS está compuesto por 13 artículos que consagran la obligación de los Estados parte del convenio de promover las leyes y reglamentos necesarios para su adecuada y efectiva implementación, así como disposiciones sobre su entrada en vigor, sus enmiendas y su denuncia. Así mismo, incluye un anexo que tiene 14 capítulos[28], divididos en

28 Los capítulos están numerados del I al XI, pero varios de ellos tienen divisiones en subcapítulos, por lo que la totalidad de los capítulos del anexo suma 14.

varios temas que apuntan todos ellos a establecer normas sobre la seguridad en la construcción, equipamiento y operación de los buques.

Los asuntos tratados en cada uno de los anexos del convenio SOLAS son: Disposiciones generales (Cap. I); Construcción – Compartimentado y estabilidad, instalaciones de máquinas e instalaciones eléctricas (Cap. II-1); Prevención, detección y extinción de incendios (Cap. II-2); Dispositivos y medios de salvamento (Cap. III); Radiocomunicaciones (Cap. IV); Seguridad en la navegación (Cap. V); Transporte de cargas (Cap. VI); Transporte de mercancías peligrosas (Cap. VII); Buques nucleares (Cap. VIII); Gestión de la seguridad operacional de los buques (Cap. IX); Medidas de seguridad aplicadas a las naves de gran velocidad (Cap. X); Medidas especiales para incrementar la seguridad marítima (Cap. XI-1); Medidas especiales para incrementar la protección marítima (Cap. XI-2); y Medidas de seguridad aplicables a los graneleros (Cap. XII).

Algunos de los capítulos del convenio SOLAS se desarrollan mediante la adopción de "códigos", entre los que podemos mencionar el Código Internacional de Gestión de la Seguridad Operacional de Buques (Código IGS) que forma parte del capítulo IX, el Código Internacional de Protección de Buques e Instalaciones Portuarias (Código PBIP) que forma parte del Capítulo XI-2, el Código Marítimo Internacional de Mercancías Peligrosas (Código IMDG) que forma parte del capítulo VII, y el Código Internacional de Dispositivos de Salvamento (Código IDS), que forma parte del Capítulo III, entre otros.

2. *Vigencia*

El convenio SOLAS, en su versión actual, fue aprobado el 1.º de noviembre de 1974, y entró en vigor internacional el

25 de mayo de 1980. Actualmente, un número total de 165 países han ratificado o adherido al convenio SOLAS 74, de manera que constituye uno de los convenios internacionales marítimos de mayor aceptación mundial.

El convenio original de 1974 ha sido objeto de varias modificaciones mediante protocolos. El primero, de 1978, fue adoptado aún antes de que SOLAS adquiriera vigencia internacional en 1980, por lo que no fue posible modificar el convenio original, sino adoptar un protocolo que entraría en vigencia después de que SOLAS 74, a su vez, estuviera vigente. El principal objetivo del protocolo de 1978 fue imponer sistemas de gas inerte en los buques destinados al transporte de hidrocarburos. El protocolo de 1978 entró en vigencia el 1.º de mayo de 1981.

En 1981 se adoptaron unas segundas enmiendas al convenio SOLAS, que ya fueron cobijadas por el sistema de aceptación tácita y entraron en vigor el 1.º de septiembre de 1984. Estas enmiendas se refieren, principalmente, a cambios en el Capítulo II-1 (Construcción – Compartimentado y estabilidad, instalaciones de máquinas e instalaciones eléctricas) y al Capítulo II-2 (Prevención, detección y extinción de incendios).

Posteriormente, el Comité de Seguridad Marítima de la OMI recomendó la adopción de unas nuevas enmiendas en 1983, principalmente relacionadas con la ubicación y separación de espacios en buques-tanque, dispositivos y medios de salvamento. Las enmiendas de 1983 entraron en vigencia el 1 de julio de 1986.

El naufragio del transbordador Herald of Free Enterprise en 1987 puso de presente nuevas preocupaciones sobre la seguridad de la navegación y fue el origen de la adopción de las nuevas enmiendas de 1988 al convenio SOLAS. Estas enmiendas se refieren nuevamente al Capítulo II-2 del Anexo del convenio y apuntan a exigir la adopción de mecanismos de alerta al puente de mando ante la existencia de inundaciones en cualquier área de la nave, la instalación de sistemas de monitoreo con cámaras de vigilancia en la nave y sistemas de iluminación portátil en los pasillos de los espacios destinados a la tripulación. Las enmiendas de 1988 entraron en vigencia el 22 de octubre de 1989.

En el mismo año de 1988, y también con motivo del naufragio del Herald of Free Enterprise, se adoptó un segundo grupo de enmiendas destinadas a establecer nuevas normas sobre la estabilidad de buques de pasajeros. Estas enmiendas entraron en vigor el 29 de abril de 1990.

El Sistema Mundial de Socorro y Seguridad Marítimos (SMSSM) fue adoptado mediante enmiendas de 1988 al convenio SOLAS, las cuales entraron en vigencia el 1.º de febrero de 1999.

En 1989 se adoptó una nueva enmienda que exige la instalación de mamparos estancos en los buques de pasaje, medidas que adquirieron vigencia el 1.º de febrero de 1992.

Nuevas enmiendas de 1990 introdujeron modificaciones sobre el sistema de cálculo de compartimentado y la estabilidad con avería de los buques de carga, así como cambios en el Código internacional para la construcción y el equipo de buques que transporten productos químicos peligrosos (CIQ) y el Código internacional para la construcción y el equipo de buques que transporten gases licuados a granel (CIG). Estas enmiendas son aplicables a buques construidos a partir del 1.º de febrero de 1992.

El Capítulo VI del Anexo del convenio SOLAS fue objeto de importantes modificaciones, adoptadas mediante enmiendas de 1991, que entraron en vigencia el 1.º de enero de 1994.

Como puede observarse, el convenio SOLAS está en constante evolución y actualización, pues la seguridad marítima aprende constantemente de los accidentes que ocurren y de los adelantos tecnológicos. Por tal motivo, el sistema de aceptación tácita de las enmiendas del convenio permite que los países que lo han ratificado, o adherido a él, mantengan actualizada su normatividad sobre las condiciones de seguridad que deben cumplir las naves que operan en sus aguas jurisdiccionales.

3. *Países iberoamericanos que son parte del convenio*

• Países iberoamericanos que han ratificado o adherido al Convenio SOLAS 74: Argentina, Bolivia, Brasil, Chile, Colombia, Costa Rica, Cuba, República Dominicana, Ecuador, España, Guatemala, Haití, Honduras, Jamaica, México, Nicaragua, Panamá, Paraguay, Perú, Portugal, Uruguay y Venezuela.

• Países iberoamericanos que han ratificado o adherido al Protocolo SOLAS 78: Argentina, Bolivia, Brasil, Chile, Colombia, Costa Rica, Cuba, Ecuador, España, Honduras, Jamaica, México, Panamá, Perú, Portugal y Uruguay.

• Países iberoamericanos que han ratificado o adherido al Protocolo SOLAS 88: Argentina, Brasil, Chile, Costa Rica, Cuba, Ecuador, España, Guatemala, Honduras, Jamaica, México, Nicaragua, Panamá, Paraguay, Perú, Portugal, Uruguay y Venezuela.

• Países iberoamericanos que han ratificado las enmiendas SOLAS 1996: ningún país iberoamericano se ha adherido o ha ratificado las enmiendas.

Colombia no fue signatario del Convenio SOLAS de 1974, pero adhirió a él mediante la Ley 8.ª de 1980. A juicio del autor, debido al sistema de aceptación tácita, Colombia, y todos los países que han ratificado o adherido al Convenio SOLAS de 1974, también han incorporado todas sus enmiendas posteriores, salvo que se hayan opuesto expresamente a alguna de ellas.

4. Conclusión

El convenio SOLAS es el tratado internacional más importante sobre la seguridad de la navegación marítima y la protección de la vida humana en el mar. Su adopción es indispensable para cualquier país que pretenda contar con una legislación marítima moderna, actualizada y dirigida a procurar las buenas prácticas de navegación en sus operaciones marítimas. De igual modo, la incorporación de este convenio permite y al mismo tiempo obliga a cada país a ejercer una estricta vigilancia del cumplimiento de sus disposiciones respecto de los buques que enarbolen su pabellón. Así mismo, permite que los Estados parte del convenio, mediante las facultades del "Estado Rector del Puerto", puedan realizar inspecciones para verificar el cumplimiento de las normas de seguridad del convenio sobre los buques que ingresen a sus aguas jurisdiccionales.

B. Convenio Internacional sobre Normas de Formación, Titulación y Guardia para la Gente de Mar de 1978 (STCW/78 – STCW/95 y Enmienda de Manila de 2010)

1. Reseña

El Convenio Internacional sobre Normas de Formación, Titulación y Guardia para la Gente de Mar de 1978 (STCW-78) fue el primero en establecer prescripciones básicas relativas a la formación, titulación y guardia para la gente de mar a escala mundial. Este convenio entró en vigencia internacional el 28 de abril de 1984. El Convenio STCW/78 ha sido ratificado por 165 países.

Anteriormente cada Gobierno establecía sus propias normas aplicables a los oficiales y marineros, en general, sin remitirse a las prácticas de otros países. Por ello, las normas y procedimientos eran muy dispares, pese a que el transporte marítimo es el más internacional de todos los sectores económicos. El Convenio STCW-78 buscó unificar internacionalmente las normas y prácticas sobre formación, titulación y guardia para la gente de mar.

El STCW es uno de los cuatro pilares del régimen regulatorio internacional del transporte marítimo, junto con los convenios SOLAS, MARPOL y el Convenio sobre el Trabajo Marítimo de la OIT (MLC 2006).

El artículo XII del Convenio STCW también consagra un régimen de enmiendas de aceptación tácita, conforme al cual las modificaciones al convenio son revisadas previamente por el Comité de Seguridad Marítima de la OMI, y si las mismas son aprobadas por un número de países igual o superior a un tercio de los que integran dicho comité, las enmiendas a artículos del convenio se entenderán aprobadas cuando hayan sido aceptadas por dos terceras partes de los países que son miembros del convenio; y las enmiendas a los anexos del convenio se entienden aceptadas por todos los países miembros de este, a menos que notifiquen expresamente su rechazo en el plazo de seis meses después de su aprobación. En efecto, el artículo XII (1) (a) (vii) dice:

> vii) toda enmienda al Anexo se considerará aceptada:
>
> 1. al término de los dos años siguientes a la fecha en que fue enviada a las Partes a fines de aceptación; o
>
> 2. al término de un plazo diferente, que no será inferior a un año, si así lo determinó en el momento de su aprobación una mayoría de dos tercios de las Partes presentes y votantes en el Comité de Seguridad Marítima ampliado;

3. no obstante se considerará que las enmiendas no han sido aceptadas si, dentro del plazo fijado, ya más de un tercio de las Partes, ya un número de Partes cuyas flotas mercantes combinadas representen como mínimo el cincuenta por ciento del tonelaje bruto de la flota mundial de buques mercantes de arqueo bruto igual o superior a 100 toneladas de registro, notifican al Secretario General que rechazan la enmienda.

El convenio se aplica a las personas que prestan servicio a bordo de buques mercantes que tengan pabellón y de los que el país sea parte del convenio. No se aplica a la gente que trabaje en buques de guerra y buques de gobierno, buques de pesca, embarcaciones de recreo no dedicadas al comercio y buques artesanales de madera.

El convenio consta de tres secciones: una primera sección que contiene un articulado en donde se exponen las responsabilidades legales que deben cumplir las partes; una segunda sección que contiene en el anexo los detalles técnicos sobre cómo se deben cumplir las responsabilidades legales a las que se hace referencia en los artículos y una tercera sección del código STCW que especifica los detalles técnicos comprendidos en el anexo que contiene la Parte A: Normas obligatorias de formación, titulación y guardia y la Parte B: Pautas recomendadas (no obligatorias) sobre formación, titulación y guardia.

El convenio STCW/78 ha sido objeto de múltiples modificaciones; las más importantes son las de 1995 y las de 2010. A continuación, enumero las modificaciones de que ha sido objeto el convenio y luego haré un breve comentario sobre las de 1995 y de 2010.

1. 1991 (Capítulos I, II, IV y V); enmiendas MSC.21 (59) – En vigencia desde el 1.º de diciembre de 1992.

2. 1994 (Capítulo V); enmiendas MSC.33 (63)–En vigencia desde el 1.º de enero de 1996.

3. 1995 (Capítulos I a VIII y Código STCW); enmiendas CONF–En vigencia desde el 1.º de febrero de 1997.

4. 1997 (Capítulo V); enmiendas MSC.66 (68)–En vigencia desde el 1.º de enero de 1999.

5. 1997 (Código STCW); enmiendas MSC.67 (68)–En vigencia desde el 1.º de enero de 1999.

6. 1998 (Código STCW); enmiendas MSC.78 (70)–En vigencia desde el 1.º de enero de 2003.

7. 2004 (Código STCW); enmiendas MSC.156 (78)–En vigencia desde el 1.º de julio de 2006.

8. 2004 (Código STCW); enmiendas MSC.180 (79)–En vigencia desde el 1.º de enero de 2006.

9. 2006 (Capítulos I y VI); enmiendas MSC.203 (81)–En vigencia desde el 1.º de enero de 2008.

10. 2006 (Código STCW); enmiendas MSC.209 (81)–En vigencia desde el 1.º de enero de 2008.

11. 2010 – Enmiendas de Manila (Convenio STWC y Código STCW)–En vigencia desde el 1.º de enero de 2012.

12. 2014 (Capítulo I); enmiendas para hacer obligatoria la aplicación del Código STCW; enmiendas MSC.373 (93)–En vigencia desde el 1.º de enero de 2016.

13. 2014 (Código STCW, Capítulo I); enmiendas MSC.373 (93)–En vigencia desde el 1.º de enero de 2016.

14. 2015 (Capítulos I y V); enmiendas MSC.396 (95)–En vigencia desde el 1.º de enero de 2017.

15. 2015 (Código STCW, Capítulo V); enmiendas MSC.397 (95)–En vigencia desde el 1.º de enero de 2017.

16. 2016 (Capítulos I y VI); enmiendas MSC.416 (97)–En vigencia desde el 1.º de julio de 2018.

17. 2017 (Código STCW, Capítulos I y V); enmiendas MSC.417 (97)–En vigencia desde el 1.º de julio de 2018.

La mayoría de los países que firmaron el Convenio STCW-78 consideraron que este no era el instrumento adecuado para aumentar los niveles de seguridad marítima y la protección del medio marino, por falta de claridad y rigor en sus preceptos y por la ausencia de mecanismos de control del grado de implementación del convenio por los países parte de este.

En respuesta a esta situación y al incremento de accidentes marítimos, fundamentalmente causados por fallas humanas originadas en la falta de formación y competencia de la gente de mar, la Organización Marítima Internacional (OMI) adoptó, en 1995, un importante conjunto de enmiendas al convenio, conocido como STCW-95.

Las enmiendas de 1995, adoptadas por una conferencia, representaron una revisión importante del convenio. La conferencia actualizó los términos para dar precisión a los significados de cada expresión.

Las enmiendas de 1995 entraron en vigor el 1.º de febrero de 1997. Una de las características principales de la revisión fue la división de los anexos técnicos en reglas, que se dividieron en capítulos.

Al dividir las reglas se facilita la labor de la administración y se simplifica el trabajo de revisarlas y actualizarlas, pues de este modo no es necesario modificar el convenio para actualizar cada una de sus reglas.

En junio de 2010 se celebró en Manila una conferencia diplomática que aprobó un conjunto de enmiendas al Convenio Internacional sobre Normas de Formación, Titulación y Guardia para la Gente de Mar de 1978.

El objetivo de las Enmiendas de Manila de 2010 fue incluir todos los cambios acordados desde 1995, abordar nuevas tecnologías, irregularidades, interpretaciones y disposiciones anticuadas. Las principales reformas fueron mejorar las disposiciones de control de la titulación, el cumplimiento de requisitos para navegar en alta mar y de cabotaje y tratar de armonizar el STCW con el Convenio sobre Trabajo Marítimo de 2006.

El STCW se centró en el conocimiento que debería tener la gente de mar sobre su actividad, mientras que el STCW de 1995 se relacionó con las habilidades prácticas y las competencias adquiridas por la teoría. La enmienda de 2010 dio importancia a las competencias adquiridas más que al período de embarco o de formación.

Las enmiendas de Manila de 2010 introdujeron los siguientes cambios:

1. Mejora de medidas a fin de prevenir prácticas fraudulentas asociadas a los certificados de competencia y consolidación de proceso de evaluación.

2. Revisión de los requisitos sobre las horas de trabajo y los períodos de descanso, establecimiento de requisitos nuevos relativos a la prevención del uso indebido de drogas y alcohol, así como actualización de las normas de aptitud física para la gente de mar.

3. Requisitos nuevos de certificación para los marineros de primera.

4. Requisitos nuevos relativos a la formación en tecnologías modernas, tales como las cartas electrónicas y los sistemas de información.

5. Requisitos nuevos relativos al conocimiento del medio marino, las cualidades del liderazgo y el trabajo en equipo.

6. Nuevos requisitos y metodologías de formación y titulación para los oficiales técnicos en electrónica.

7. Actualización de los requisitos de competencia para el personal de todo tipo de buques-tanques, incluidos requisitos nuevos para el personal de los buques-tanque para el transporte de gas licuado.

8. Requisitos nuevos relativos a la formación en protección marítima, así como disposiciones que garanticen que la gente de mar reciba la debida formación para hacer frente a la situación en caso de que su buque sea atacado por piratas.

9. Introducción de metodología moderna de formación, incluidos el aprendizaje a distancia y el aprendizaje en la red.

10. Nuevas orientaciones sobre la formación del personal de a bordo de buques que navegan en aguas polares.

11. Nuevas orientaciones sobre la formación del personal que maneja sistemas de posicionamiento dinámico.

2. *Vigencia*

El convenio original STCW/78 ha sido ratificado por 165 países, que representan aproximadamente un 99,03 % del tonelaje de peso bruto de la flota marítima mundial. Entró en vigencia internacional el 28 de abril de 1984.

3. *Países iberoamericanos que son parte del convenio*

• STWC 1978: países iberoamericanos que han adherido o lo han ratificado: Argentina, Bolivia, Brasil, Chile, Colombia, Costa Rica, Cuba, República Dominicana, Ecuador, El Salvador, España, Guatemala, Haití, Honduras, México, Nicaragua, Panamá, Perú, Portugal, Uruguay, Venezuela y Jamaica.

• Enmiendas de 1995: países iberoamericanos que han adherido o lo han ratificado: España, Portugal y Uruguay.

• Enmiendas de Manila 2010: países iberoamericanos que han adherido o lo han ratificado: Argentina, Brasil, Chile, Colombia, Cuba, Ecuador, España, Guatemala, Honduras, Jamaica, México, Panamá, Paraguay, Perú, Portugal, Uruguay, Venezuela.

Como se expuso, el Convenio STCW consagró un sistema de enmiendas o modificaciones de aceptación tácita, de modo tal que las diferentes enmiendas del convenio han entrado en vigencia, en la medida en que no han recibido objeciones en los tiempos establecidos en cada una de ellas.

4. Conclusión

Colombia no firmó el Convenio STCW, pero adhirió a él mediante la Ley 35 de 1981 y reglamentó sus disposiciones mediante el Decreto 1597 de 1988. Teniendo en cuenta el sistema de enmiendas tácitas antes descrito, a juicio del autor, Colombia también ha adherido a todas las enmiendas hechas al convenio original, incluyendo las enmiendas de 1995 y las enmiendas de Manila de 2010.

No obstante, el país no ha actualizado la reglamentación del convenio mediante su legislación interna; es decir, no ha armonizado el Decreto 1597 de 1988 respecto de todas las modificaciones que se han introducido al convenio original de 1978. Por tal motivo, el autor recomienda la actualización de la normatividad reglamentaria interna a las modificaciones del convenio ya adoptadas por el país mediante el sistema de enmiendas tácitas.

C. Convenio Internacional sobre Trabajo en el Mar de 2006 (MLC 06)

1. Comentario preliminar sobre el régimen laboral marítimo colombiano

Colombia tiene una legislación muy limitada sobre el régimen laboral de la gente de mar. Las normas sobre esta materia se encuentran en los artículos 1508 a 1512 del Código de Comercio. Estas normas establecen obligaciones especiales de las tripulaciones incorporadas a su contrato de trabajo, que denomina como contrato de enrolamiento, que se debe entender celebrado para el viaje de ida y también para el viaje de vuelta, salvo estipulación expresa en contrario (art. 1509).

Mediante la Ley 129 de 1931, Colombia ratificó los convenios de la Organización Internacional de Trabajo (OIT) que establecen la jornada máxima laboral de 8 horas, y prevé su aplicación a los trabajadores en naves de transporte marítimo.

El contrato de enrolamiento fue reglamentado mediante Decreto 1015 de 1995, que señala el contenido del contrato, las justas causas especiales de su terminación, las justas causas para la petición de desembarco y la imposibilidad de pactar jurisdicción extranjera para la solución de los conflictos derivados de este contrato.

El régimen laboral de la gente de mar está regulado en forma deficiente e incompleta en Colombia. Desde 1931, cuando se aprobaron los convenios de la OIT, ha habido muchos desarrollos normativos en otros convenios internacionales, el último de los cuales es el Convenio Internacional sobre Trabajo en el Mar de 2006 (MLC).

La normatividad colombiana sobre el régimen laboral de la gente de mar no contempla medidas efectivas para la protección de los derechos de los trabajadores del sector marítimo, tales como condiciones de seguridad, normas sobre repatriación, descanso obligatorio, días compensatorios, entre otros.

2. *Reseña*

El Convenio Internacional sobre el Trabajo Marítimo de 2006 es un instrumento internacional que busca reunir en un solo cuerpo normativo un número significativo de normas sobre diferentes aspectos laborales de la industria marítima. Este convenio fue aprobado por la Organización Internacional de Trabajo (OIT) el 23 de febrero de 2006 y adquirió vigencia internacional el 20 de agosto de 2013. El propósito del convenio es establecer estándares mínimos de seguridad laboral y condiciones decentes de vida de la gente de mar.

Este convenio cuenta con el apoyo de la Organización Marítima Internacional (OMI), de la Federación Internacional de los Trabajadores del Transporte (ITF), que representa a los tripulantes, y de la Federación Internacional de Armadores (ISF).

Para la entrada en vigor de este convenio se utilizó la fórmula 30/33, es decir, lo tenían que ratificar 30 Estados, con una suma del 33 % del tonelaje de arqueo bruto mundial. Los requisitos para su entrada en vigor se cumplieron el 20 de agosto de 2012 y los requisitos de tonelaje se cumplieron en el 2009.

El convenio fue desarrollado en dos partes principales, la primera de obligatorio cumplimiento y la segunda de recomendaciones, las cuales no son de obligatorio cumplimiento.

Dentro de la definición de gente de mar se incluye a cualquier persona que trabaje o se encuentre empleada, en cualquier capacidad, a bordo de un buque. Es decir, que el convenio no limita su aplicación a los marinos encargados de la navegación del buque.

Con el convenio se busca reglamentar de manera unificada sus condiciones de trabajo estableciendo estándares modernos y de condiciones decentes de trabajo, que les apliquen a todos por igual. Para ello, se establecen reglas equitativas de aplicación global, lo cual beneficia no solo a los trabajadores, sino a los gobiernos y a los armadores al estandarizar las reglas en materia laboral marítima. Adicionalmente, el convenio establece una cláusula de trato no más favorable, lo que significa que las reglas establecidas en el convenio se aplicarán a todos los buques independientemente de que los países de sus respectivas banderas hayan ratificado el convenio, o no.

El convenio consagra las exigencias mínimas para el desarrollo del trabajo de la gente de mar –independiente de la bandera del buque–, el cual abarca lo relativo a las horas de descanso, lugar de descanso, atención médica, alimentación, edad mínima, entre otras.

El convenio consta de tres partes, relacionadas entre sí, a saber: los artículos, el Reglamento y el Código.

Los artículos y el Reglamento establecen los derechos y principios fundamentales y las obligaciones básicas de los Estados que ratifiquen el convenio. Los artículos y el Reglamento solo pueden ser modificados por la Conferencia en el marco del artículo 19 de la Constitución de la Organización Internacional del Trabajo (artículo XIV).

En el Código se detalla la aplicación del Reglamento, conformado por la parte A (normas obligatorias) y la parte B (pautas no obligatorias). El Código puede modificarse mediante el procedimiento simplificado establecido en el artículo XV del convenio. En vista de que el Código contiene los detalles de la aplicación, las enmiendas que se le hagan deberán estar en conformidad con el alcance general de los artículos y del Reglamento.

Con el convenio se busca reglamentar de manera unificada las condiciones de trabajo de la gente de mar, estableciendo estándares modernos y de condiciones decentes de trabajo, que les apliquen a todos por igual. Para ello, se consagran reglas equitativas de aplicación global, lo cual beneficia no solo a los trabajadores, sino a los gobiernos y a los armadores al estandarizar las reglas en materia laboral marítima. Adicionalmente, el convenio establece una cláusula de trato no más favorable, lo que significa que las reglas establecidas en el convenio se aplicarán a todos los buques independientemente de que los países de sus respectivas banderas hayan ratificado el convenio, o no.

El convenio consagra las exigencias mínimas para el desarrollo del trabajo de la gente de mar –independiente de la bandera del buque–, el cual abarca lo relativo a las horas de descanso, lugar de descanso, atención médica, alimentación, edad mínima, entre otras.

3. *Vigencia*

El convenio MLC 2006 fue adoptado el 23 de febrero de 2006 y entró en vigencia internacional el 20 de agosto de 2013.

4. *Países iberoamericanos que son parte del convenio*

Argentina, Chile, España, Honduras, Jamaica, Nicaragua, Panamá y Portugal.

5. *Conclusión*

La revisión del contenido del Convenio Internacional sobre Trabajo en el Mar de 2006 (MLC) frente a las normas colombianas sobre el régimen laboral de la gente de mar permite al autor recomendar que Colombia ratifique o adhiera a este convenio internacional, con el fin de modernizar su normatividad sobre las condiciones laborales de los empleados del sector marítimo que laboran a bordo de buques. Si bien es cierto que Colombia no cuenta con un número significativo de naves bajo su bandera, también lo es que hay un número importante de tripulantes colombianos en naves extranjeras. El trabajo marítimo también merece la protección y el fomento del Estado y la ratificación del Convenio Internacional sobre Trabajo en el Mar de 2006 (MLC) contribuirá a este propósito.

Por lo tanto, recomiendo la adhesión a este convenio, por su importancia para la promoción de la seguridad en la navegación y para estimular la capacitación de personal de marina mercante en cada país, con destino al mercado internacional de armadores; además, el Convenio Internacional sobre el Trabajo Marítimo de 2006 es concordante con el Convenio STCW, ya ratificado por Colombia.

II. Prevención de la contaminación ambiental marina

A. Protocolo de 1997 al Convenio Internacional para Prevenir la Contaminación por los Buques, MARPOL de 1973 (modificado por el protocolo de 1978) (MARPOL PROT 97)

1. Reseña

El Convenio Internacional para Prevenir la Contaminación por los Buques de 1973, conocido como MARPOL por sus siglas en inglés, es el tratado internacional más importante para prevenir la contaminación ambiental derivada de la operación de los buques. Fue adoptado en 1973, pero, antes de que entrara en vigencia, fue reformado mediante el Protocolo de 1978, que sustituyó por completo al convenio original.

El Convenio MARPOL está integrado por unas disposiciones generales (20 artículos) y por seis anexos técnicos. De acuerdo con el artículo 3.º de sus disposiciones generales, el convenio es aplicable a todo buque que tenga derecho a enarbolar el pabellón de un Estado que sea parte de este, así como a los buques que, sin tener derecho a enarbolar el pabellón de un Estado parte, operen bajo la autoridad de dicho Estado. El convenio no es aplicable a los buques de guerra, ni a las unidades navales auxiliares, y tampoco a los buques que siendo de propiedad de un Estado, o estando a su servicio, solo presten servicios gubernamentales de carácter no comercial. Las disposiciones generales del convenio también consagran la obligación de los buques de contar con un certificado de cumplimiento de las medidas establecidas en sus anexos técnicos, así como la facultad de los Estados parte de adelantar inspecciones a las naves, con el fin de verificar la existencia de dichos certificados; sin embargo, estas inspecciones pueden llegar a exigir la demostración del cumplimiento efectivo del convenio, en caso de que el Estado que realice la inspección tenga motivos para sospechar que el buque está transgrediendo el convenio.

MARPOL cuenta con seis anexos técnicos, que regulan los siguientes temas:

- Anexo I: Reglas para prevenir la contaminación por hidrocarburo.
- Anexo II: Reglas para prevenir la contaminación por sustancias nocivas líquidas transportadas a granel.
- Anexo III: Reglas para prevenir la contaminación por sustancias perjudiciales transportadas por mar en bultos.
- Anexo IV: Reglas para prevenir la contaminación por las aguas sucias de los buques.
- Anexo V: Reglas para prevenir la contaminación ocasionada por las basuras de los buques.
- Anexo VI: Reglas para prevenir la contaminación atmosférica ocasionada por los buques.

El Protocolo de 1997 del Convenio MARPOL creó su Anexo VI, que está destinado a implementar medidas para el control de la contaminación atmosférica originada en la operación de buques, principalmente a través de la emisión de gases. Ha adoptado medidas tales como restricción de emisiones por los gases de escape de los óxidos de azufre

(SOx) y los óxidos de nitrógeno (NOx) y la prohibición de emisiones deliberadas de sustancias que agotan la capa de ozono. También regula la incineración a bordo y las emisiones de compuestos orgánicos volátiles (COV) procedentes de los buques tanque. Su primera revisión (2008) redujo los límites máximos de emisión, la cual adquirió vigencia el 1.º de julio de 2010.

La última revisión del Anexo VI de MARPOL (2016) redujo de 3,50 % a 0,50 % el nivel máximo de contenido de azufre del combustóleo que se utiliza en los buques, y entró en vigencia internacional el 1.º de enero de 2020.

2. *Vigencia*

Adopción: 1997; entrada en vigencia internacional: 19 de mayo de 2005; su primera revisión entró en vigor el 1.º de julio de 2010; su última revisión entró en vigor el 1.º de enero de 2020.

3. *Países iberoamericanos que son parte del convenio*

Argentina, Bolivia, Brasil, Chile, Colombia, Cuba, República Dominicana, Ecuador, El Salvador, Guatemala, Honduras, Jamaica, México, Nicaragua, Perú, Portugal, España, Uruguay y Venezuela.

Países iberoamericanos que han adherido o han ratificado el Protocolo de 1997: Brasil, Chile, España, Guatemala, Honduras, Panamá, Perú, Portugal, Uruguay, Venezuela y Jamaica.

4. *Conclusión*

Colombia no suscribió el Convenio MARPOL, pero posteriormente adhirió a él mediante la Ley 12 de 1981. Sin embargo, no ha adherido a su Protocolo de 1997. Por lo tanto, recomiendo la adhesión al Anexo VI de MARPOL, creado por su Protocolo de 1997, junto con sus revisiones de 2008 y de 2016, con el fin de actualizar todos los anexos de este convenio, del que tradicionalmente los países iberoamericanos han formado parte, máxime cuando contiene medidas para la prevención del calentamiento global.

B. Convenio para la Prevención de la Contaminación del Mar por Vertimiento de Desechos y otras Materias, de Londres, de 1972 (CLD/LDC), modificado por su protocolo de 1996

1. Reseña

El objetivo de este convenio suscrito en 1972 es promover la adopción y el control efectivo de todas las medidas practicables para prevenir la contaminación del mar por el vertimiento de desechos y otras materias provenientes de los buques. La operación de las naves puede implicar el traslado de organismos y sustancias contaminantes provenientes de otras partes del mundo a aguas jurisdiccionales de un Estado, a través de las sentinas, desechos y otros materiales a bordo de los tanques de las naves. Este convenio establece medidas que permiten prevenir y controlar este tipo de contaminación, tales como la prohibición de arrojar desechos industriales y radiactivos al mar, así como la prohibición de incinerar desechos industriales y fangos cloacales en el mar. Este convenio constituye uno de los elementos importantes de la legislación internacional para la protección del medio marino.

Se considera como uno de los instrumentos iniciales para la protección del medio marino de las actividades resultantes del hombre. Básicamente, el convenio tiene como objetivos promover la adopción y el control efectivo de todas las medidas practicables para prevenir la contaminación del mar por el vertimiento de desechos y otras materias.

Se define como vertimiento toda evacuación deliberada en el mar de desechos u otras materias efectuada desde buques, aeronaves, plataformas u otras construcciones, así como toda evacuación deliberada de los buques o plataformas. En los anexos, de manera taxativa, se enumeran los desechos que pueden ser objeto de vertimiento y otros para los cuales se necesita un permiso especial. En el año de 1993 se adoptaron unas enmiendas que entraron en vigor en 1994; la prohibición mayor es la de verter desechos radioactivos; igualmente, se incluyó en la enmienda de manera gradual la evacuación de desechos industriales en el mar y su quema o incineración.

El convenio tuvo un protocolo modificatorio en 1996, con la idea de sustituir el convenio de 1972. El protocolo de 1996 cambia de manera importante cómo se iba a utilizar el mar como depósito de materiales de desecho. El cambio fundamental radica en que en vez de enumerar cuáles son los materiales que no podrían ser objeto de vertimiento, se establece una prohibición general de vertimientos, reservando o permitiendo de manera excepcional los elementos que se encuentran en lo que se denominó la lista de vertidos permitidos, la cual se encuentra en el anexo del protocolo.

Aparece una figura en el protocolo que se denomina "planteamiento preventivo", según la cual se adoptarán las medidas preventivas procedentes cuando haya motivos para creer que los desechos u otras materias introducidas en el mar puedan ocasionar daños, así no haya pruebas que demuestren la relación causal entre el vertimiento y el daño.

Otro punto importante del protocolo se refiere a que quien contamina debe sufragar los gastos producidos en la mitigación del impacto negativo sobre el medio marino. En este sentido, el protocolo hace énfasis en que las Partes Contratantes no deben permitir que la contaminación se traslade de un lugar a otro.

El protocolo está estructurado sobre la base de un preámbulo que señala su objeto y fin, seguido de 29 artículos con 3 anexos.

En el preámbulo las Partes manifiestan que es deseable adoptar medidas más rigurosas con el objeto de prevenir, reducir y, cuando sea factible, eliminar la contaminación por el vertimiento en el mar, con el fin de proteger y preservar el medio marino y de organizar las actividades humanas de modo que el ecosistema marino siga sustentando los usos legítimos del mar y satisfaciendo las necesidades de las generaciones actuales y futuras.

El artículo 2.° señala que las Partes Contratantes protegerán y preservarán el medio marino contra todas las fuentes de contaminación y adoptarán medidas eficaces para prevenir, reducir y eliminar la contaminación por vertimientos en el mar. El artículo 3 señala las obligaciones generales de las Partes Contratantes, entre las que se destacan el planteamiento preventivo de protección del medio ambiente.

En el artículo 4.° se establecen las sustancias permitidas, así:

1. Materiales de dragado.
2. Fangos cloacales.
3. Desechos de pescado o materiales resultantes de las operaciones de elaboración del pescado.
4. Buques y plataforma u otras construcciones en el mar.
5. Materiales geológicos inorgánicos inertes.
6. Materiales orgánicos de origen natural.

7. Objetos voluminosos: hierro, acero, hormigón y materiales igualmente no perjudiciales en relación con los cuales el impacto físico sea el motivo de preocupación, y solamente en aquellas circunstancias en que esos desechos se viertan en lugares como islas pequeñas con comunidades aisladas, en que no haya acceso práctico a otras opciones de evacuaciones que no sea el vertimiento.

8. Flujos de CO_2 procedentes del proceso de captura de CO_2.

El artículo 5.° prohíbe la incineración en el mar de cualesquiera desechos u otras materias. En su artículo 6.° prohíbe la exportación de desechos u otras materias a otros países para su vertimiento o incineración en el mar, con el objeto de evitar que por esa vía se vulnere el efecto deseado por el protocolo.

El artículo 7.° se refiere a la aplicación del protocolo en aguas interiores.

El artículo 8.° permite el vertimiento o la incineración de las sustancias prohibidas conforme a los artículos 4.1 y 5 del protocolo "en casos de fuerza mayor debidos a las inclemencias del tiempo o en cualquier otro caso que constituya un peligro para la vida humana o una amenaza real para buques".

El artículo 9.° se refiere a que los Estados designen a la autoridad competente para expedir los permisos. El artículo 10.° alude a la aplicación y ejecución del acuerdo.

El artículo 11 dispone que la reunión de las Partes Contratantes o de los Estados habilitará los procedimientos y mecanismos necesarios para evaluar y fomentar el cumplimiento del protocolo.

Los artículos 12, 13, 14 y 15 regulan la cooperación regional, la cooperación y asistencia técnica, las investigaciones científicas y técnicas, y la responsabilidad e indemnización, respectivamente.

Los artículos 16 al 29 establecen disposiciones varias, como los procedimientos para el arreglo de las controversias; la cooperación internacional; las reuniones de las Partes Contratantes; las funciones de la organización; anexos; enmiendas de los anexos; relación entre el Protocolo y el Convenio; firma, ratificación, aceptación, aprobación y adhesión; entrada en vigor; período de transición; retiro; depositario, y textos auténticos.

Los 3 anexos hacen referencia a:

• Anexo 1: Desechos u otras materias cuyo vertimiento podrá considerarse, a condición de que se haya retirado la mayor cantidad posible de materiales que puedan producir residuos flotantes o contribuir de otra manera a la contaminación del medio marino y a condición de que los materiales vertidos en el mar no constituyan un obstáculo grave para la pesca o la navegación.

• Anexo 2: Evaluación de los desechos u otras materias cuyo vertimiento podrá considerarse. En este anexo se preceptúa la fiscalización de la producción y el examen de las opciones de gestión de los desechos; la determinación de las propiedades químicas, físicas y biológicas; los criterios de actuación para seleccionar los desechos que son objeto de una solicitud de vertimientos; la selección del lugar en que se hará el vertimiento y la evaluación de los posibles efectos y, por último, la forma en que se otorgará el permiso y se practicará la vigilancia del cumplimiento de las condiciones de este.

• Anexo 3: Contempla todas las disposiciones referidas al procedimiento arbitral, desde la petición de constitución del Tribunal del Arbitraje, su integración, reglamento y dictación del laudo.

Actualmente, la OMI está trabajando en el manejo del impacto producido por las elevadas concentraciones del CO_2 en la atmósfera; se busca tomar medidas de control con una reglamentación eficaz de tecnologías que puedan afectar el clima y por consiguiente el medio marino; se trabaja en normatividad internacional para capturar carbono en las formaciones geológicas del fondo marino y en la fertilización de los océanos.

2. Vigencia

El convenio fue adoptado el 13 de noviembre de 1972 y entró en vigor el 30 de agosto de 1975; su protocolo de 1996 fue adoptado el 7 de noviembre de 1996 y entró en vigor el 24 de marzo de 2006. La Organización Marítima Internacional (OMI) lo ha administrado desde 1977.

3. Países iberoamericanos que son parte del convenio

- Países iberoamericanos que han adherido o han ratificado el Convenio CLD/LDC de 1972: Argentina, Bolivia, Brasil, Chile, Costa Rica, Cuba, República Dominicana, España, Guatemala, Haití, Honduras, México, Panamá, Perú, Portugal y Jamaica.
- Países iberoamericanos que han adherido o han ratificado el Protocolo de 1996: Chile, España, Guatemala, México, Perú y Uruguay.

4. Conclusión

Colombia no suscribió el Convenio CLD/LDC de 1972, ni su Protocolo de 1996, y tampoco ha adherido a ellos posteriormente. Recomiendo ratificar este convenio, para complementar los instrumentos legales del país para prevenir y controlar la contaminación de su medio marino.

C. Convenio Internacional Relativo a la Intervención en Alta Mar en casos de Accidentes que causen o puedan causar una Contaminación por Hidrocarburos, hecho en Bruselas el 29 de noviembre de 1969, y su Protocolo de 1973 (INTERVENTION 69)

1. Reseña

El objetivo de este convenio es facultar a los Estados ribereños para adoptar medidas preventivas fuera de sus aguas jurisdiccionales respecto de buques que hayan tenido o amenacen tener un accidente que pueda causar contaminación ambiental. Las medidas se deben adoptar previas consultas con los Estados y las partes interesadas, tales como el Estado de abanderamiento de la nave, los armadores y los propietarios de la carga. Las medidas que se adopten deben ser proporcionales a la amenaza que represente el buque accidentado o en emergencia. Si el Estado ribereño se excede en la adopción de las medidas, se puede ver obligado a indemnizar los daños causados con estas. El convenio prevé un mecanismo de arbitraje para la solución de las controversias que se deriven de su aplicación.

El convenio no es aplicable a los buques de guerra de un Estado.

La Conferencia de Bruselas de 1969 reconoció la necesidad de ampliar el convenio para incluir sustancias distintas de los hidrocarburos. En este sentido, la Conferencia de Londres sobre contaminación del mar, celebrada en 1973, adoptó el protocolo relativo a la intervención en alta mar en casos de contaminación por sustancias distintas de los hidrocarburos, la cual amplía el régimen del convenio de 1969 a las sustancias enumeradas en el anexo del protocolo o las sustancias análogas.

El convenio consta de 18 artículos y un anexo de procedimiento para la conciliación. Permite a un Estado tomar medidas en alta mar para prevenir, mitigar o eliminar todo peligro grave o inminente contra su litoral o intereses conexos producto de un siniestro marítimo por contaminación de hidrocarburos en alta mar.

Define qué es accidente marítimo, barco, hidrocarburo, intereses conexos, organización (Organización Consultiva Marítima Intergubernamental) y determina el procedimiento a seguir por un Estado cuando decide tomar las medidas de prevención, mitigación o eliminación, bajo la supervisión de la organización.

Las medidas que se tomen, conforme al artículo V, serán proporcionales al daño causado o al riesgo previsto. Para aplicar las medidas se tendrá en cuenta:

a) La extensión y probabilidad de los daños inminentes si no se toman esas medidas.

b) La probabilidad de que esas medidas sean eficaces.

c) El alcance de los daños que pueden ser causados por esas medidas.

Si esas mediadas causan daño, se debe indemnizar al afectado.

El convenio no restringe ni deroga los derechos, deberes, privilegios o inmunidades, ni priva a ningún Estado, personas naturales o jurídicas interesadas de interponer los recursos a que haya lugar.

El protocolo de 1973 permite ampliar la lista de las sustancias diferentes a hidrocarburos que pueden generar contaminación producto de un siniestro en alta mar. Igual que el convenio, las Partes del protocolo pueden tomar medidas en alta mar para prevenir, mitigar o eliminar todo peligro grave e inminente para su litoral o intereses conexos, debido a la contaminación o amenaza de contaminación por sustancias distintas de los hidrocarburos resultante de un siniestro marítimo o de actos relacionados con tal siniestro, a los que sean razonablemente atribuibles consecuencias desastrosas de gran magnitud.

En el anexo se encuentra la lista de las sustancias establecidas por el comité de protección del medio marino de la organización (Organización Consultiva Marítima Intergubernamental).

Las sustancias se clasifican y se agrupan así:

1. Hidrocarburos transportados a granel.
2. Sustancias nocivas.
3. Gases licuados transportados a granel.
4. Sustancias radioactivas.

2. *Vigencia*

Este convenio internacional fue adoptado el 29 de noviembre de 1969 y entró en vigor el 6 de mayo de 1975. Inicialmente amparaba solo las amenazas de contaminación derivada del transporte de hidrocarburos, por lo cual se promovió el protocolo de 1973, que incluyó el transporte de otras sustancias nocivas o peligrosas. El protocolo de 1973 entró en vigor en 1983 y ha sido enmendado para actualizar la lista de sustancias que figuran en su anexo.

3. *Países iberoamericanos que son parte del convenio*

Argentina, Bolivia, Brasil, Chile, Cuba, República Dominicana, Ecuador, España, México, Panamá, Portugal y Jamaica.

4. *Conclusión*

Colombia no suscribió el Convenio INTERVENTION 1969, ni su Protocolo de 1973, y tampoco ha adherido a ellos posteriormente. Recomiendo adherir a este convenio junto con su protocolo, dada la exposición que tiene Colombia a posibles daños ambientales en sus costas derivados del transporte de hidrocarburos y otras sustancias nocivas o peligrosas, por su cercanía con el Canal de Panamá y las principales rutas marítimas internacionales. El convenio facultaría al Estado colombiano para adoptar las medidas preventivas y correctivas necesarias para evitar que un accidente o incidente ocurrido fuera de sus aguas jurisdiccionales pueda producir un daño ambiental en sus costas y sus mares.

D. Convenio Internacional para el Control y la Gestión del Agua de Lastre y los Sedimentos de los Buques, hecho en Londres el 13 de febrero de 2004 (BWM 04)

1. Reseña

El objetivo de este convenio es establecer un sistema internacional uniforme para el control de la contaminación ambiental marina originada en las aguas de lastre y los sedimentos de los buques, con el fin de evitar la propagación de organismos acuáticos perjudiciales de una región a otra. Para este efecto, el convenio establece normas y procedimientos para la gestión y el control del agua de lastre y los sedimentos de los buques.

El Convenio BWM 2004 exige que todos los buques cuenten con un plan de gestión del agua de lastre y los sedimentos. Deben tener a bordo y diligenciar un libro registro del agua de lastre y deberán aplicar procedimientos de gestión de esta agua. El propósito del convenio es que ningún buque deposite en las aguas de un Estado aguas de lastre y sedimentos, sin haberlas sometido previamente a un tratamiento que impida que representen un riesgo de contaminación. Con ello se busca eliminar, o disminuir al mínimo, la transferencia de organismos acuáticos perjudiciales y agentes patógenos presentes en las aguas de lastre y los sedimentos de los buques.

Los Estados Parte del convenio se comprometen a implementar para hacer efectivo el propósito del convenio, así como a crear medios de supervisión y control del cumplimiento de sus medidas respecto de los buques que arriben a sus puertos. Igualmente, se obligan a garantizar que en los terminales marítimos en los que se hagan trabajos de reparación y limpieza de tanques de lastre existan instalaciones adecuadas para la recepción de sedimentos.

La Sección A del Anexo del Convenio BWM 2004 dispone que solo se podrá descargar el agua de lastre de una nave en un Estado Parte cuando ella haya sido sometida a un sistema de gestión de aguas de lastre, que cumpla con las disposiciones del mismo anexo (Sección B). Esta sección establece la obligación para las naves de contar con un sistema de gestión de las aguas de lastre y un libro de registro de dicha gestión. La Sección C prevé que cada país puede adoptar medidas adicionales para la gestión de las aguas de lastre, adicionales a las prescritas en el convenio. La Sección D contiene las disposiciones mínimas que deben cumplir los sistemas de gestión del agua de lastre de los buques y, finalmente, la Sección E contiene normas sobre el reconocimiento y la certificación de los sistemas de gestión de aguas de lastre.

2. *Vigencia*

El Convenio BWM 04 fue adoptado el 13 de febrero de 2004 y entró en vigencia internacional el 8 de septiembre de 2017.

3. *Países iberoamericanos que son parte del convenio*

Argentina, Brasil, Ecuador, España, Honduras, México, Panamá, Perú, Portugal y Jamaica.

4. *Conclusión*

Colombia no suscribió el Convenio BWM 04, y tampoco ha adherido a él posteriormente. El Convenio BWM 04 constituye una importante herramienta legal para el control de la contaminación marina que puede provenir de las aguas de lastre y las sentinas de los buques. Por lo tanto, recomiendo su adhesión por parte de Colombia y su posterior implementación mediante normas internas que hagan efectivas sus disposiciones.

III. Responsabilidad y compensación

A. Convenio sobre la Limitación de la Responsabilidad nacida de Reclamaciones de Derecho Marítimo, hecho en Londres el 19 de noviembre de 1976 – protocolo de 1996 (LLMC)

1. *Reseña*

Uno de los principios tradicionales del derecho marítimo es el de la limitación de la responsabilidad del armador por los daños que cause a terceros en su actividad. La limitación de la responsabilidad por las reclamaciones marítimas ha sido regulada por convenios internacionales desde hace casi un siglo. El primer instrumento es el Convenio de Bruselas de 1924 sobre Limitación de Responsabilidad de los Propietarios de los Buques, el cual no tuvo mayor acogida en el contexto internacional. Por tal motivo, este fue reemplazado por el Convenio de 1957 sobre limitación de responsabilidad de los propietarios de los buques de navegación marítima, el cual fue ratificado por 27 países y fue objeto de una modificación mediante el Protocolo de Bruselas de 1979.

El sistema de los dos anteriores convenios ha sido reemplazado por el Convenio sobre la Limitación de la Responsabilidad nacida de Reclamaciones de Derecho Marítimo, hecho en Londres el 19 de noviembre de 1976, el cual fue modificado por el Protocolo de Londres de 1996. El Convenio de 1976 adquirió vigencia internacional el 1.° de diciembre de 1986.

El convenio permite invocar la limitación de la responsabilidad a los propietarios de buques y a los salvadores (art. 1.1). Por propietario se entiende al propietario, el fletador, el gestor naval y el armador de un buque de navegación marítima (art. 1.2). Por salvador se entenderá toda persona que preste servicios directamente relacionados con operaciones de auxilio o salvamento (art. 1.3).

Igualmente, permite invocar la limitación de la responsabilidad en cualquier acción dirigida contra el buque (*acciones in rem*) y en cualquier acción dirigida contra una persona por la que deben responder el propietario o el salvador del buque, o acciones *in personam* (art. 1.4 y 1.5).

Así mismo, el asegurador de la responsabilidad civil del propietario de un buque puede invocar la limitación de la responsabilidad que el convenio le otorga a su asegurado (art. 1.6).

El Convenio de limitación de la responsabilidad de 1976 establece límites específicos de responsabilidad para ciertos tipos de reclamaciones contra propietarios de buques, como son:

• Reclamaciones relacionadas con muerte o lesiones corporales de los pasajeros de un buque, y

• Otras reclamaciones, por ejemplo por daños a bienes (incluidos los daños a otros buques, bienes u obras portuarias), retrasos, derrames de combustibles líquidos, daños debidos a contaminación, etc.

El artículo 2 del convenio enumera las reclamaciones que pueden ser objeto de limitación, sin importar el fundamento de la responsabilidad que se reclame al propietario o al salvador del buque, así:

> 2. A reserva de lo dispuesto en los Artículos 3 y 4, estarán sujetas a limitación las reclamaciones enumeradas a continuación, sean cuales fueren los supuestos de responsabilidad:
>
> 1. reclamaciones relacionadas con muerte, lesiones corporales, pérdidas o daños sufridos en las cosas (incluidos daños a obras portuarias, dársenas, vías navegables y ayudas a la navegación), que se hayan producido a bordo o estén directamente vinculados con la explotación del buque o con operaciones de auxilio o salvamento, y los perjuicios derivados de cualquiera de esas causas;
>
> 2. reclamaciones relacionadas con perjuicios derivados de retrasos en el transporte por mar de la carga, los pasajeros o el equipaje de éstos;
>
> 3. reclamaciones relacionadas con otros perjuicios derivados de la violación de derechos que no sean contractuales, irrogados en directa vinculación con la explotación del buque o con operaciones de auxilio o salvamento;
>
> 4. reclamaciones relacionadas con la puesta a flote, remoción, destrucción o eliminación de la peligrosidad de un buque hundido, naufragado, varado o abandonado, con inclusión de todo lo que esté o haya estado a bordo de tal buque;

> 5. reclamaciones relacionadas con la remoción o la destrucción del cargamento del buque o la eliminación de la peligrosidad de dicho cargamento;
>
> 6. reclamaciones promovidas por una persona que no sea la persona responsable, relacionadas con las medidas tomadas a fin de evitar o aminorar los perjuicios respecto de los cuales la persona responsable pueda limitar su responsabilidad de conformidad con lo dispuesto en el presente Convenio, y los ocasionados ulteriormente por tales medidas.
>
> 7. Las reclamaciones establecidas en el párrafo 1 estarán sujetas a limitación de responsabilidad aun cuando sean promovidas por vía de recurso o a fines de indemnización, en régimen contractual o de otra índole. Sin embargo, las reclamaciones promovidas de conformidad con lo dispuesto en los apartados d), e) y f) del párrafo 1 no estarán sujetas a limitación de responsabilidad en la medida en que guarden relación con una remuneración concertada por contrato con la persona responsable.

En el momento de ratificar el convenio, un Estado puede hacer reservas en el sentido de no aplicar la limitación de responsabilidad a las reclamaciones a que se refieren los literales d) y e) del artículo 1 del convenio (art. 18). Es decir, cada Estado puede excluir de limitación de responsabilidad las reclamaciones relacionadas con la puesta a flote, remoción, destrucción o eliminación de la peligrosidad de un buque hundido, naufragado, varado o abandonado, con inclusión de todo lo que esté o haya estado a bordo de tal buque y/o de las reclamaciones relacionadas con la remoción o la destrucción del cargamento del buque o la eliminación de la peligrosidad de dicho cargamento.

El artículo 3, por su parte, enumera las reclamaciones que no pueden ser objeto de limitación, en los siguientes términos:

Artículo 3. Reclamaciones que no pueden ser objeto de limitación. Las reglas del presente Convenio no serán de aplicación en los casos de:

1. reclamaciones relacionadas con operaciones de auxilio o salvamento o con contribución a la avería gruesa;

2. reclamaciones relacionadas con daños resultantes de la contaminación ocasionada por hidrocarburos, en el sentido que se da a tales daños en el Convenio internacional sobre responsabilidad civil por daños causados por la contaminación de las aguas del mar por hidrocarburos, del 29 de noviembre de 1969, y en toda enmienda o Protocolo correspondiente al mismo que esté en vigor;

3. reclamaciones sujetas a lo dispuesto en cualquier Convenio internacional o legislación nacional que rijan o prohíban la limitación de la responsabilidad por daños nucleares;

4. reclamaciones contra el propietario de un buque nuclear relacionadas con daños nucleares;

5. reclamaciones promovidas por los empleados del propietario o del salvador cuyo cometido guarde relación con el buque o con las operaciones de auxilio o salvamento, y las reclamaciones promovidas por los herederos de aquéllos o por personas a su cargo u otras que tengan derecho a promoverlas si, en virtud de la ley que regule el contrato de servicio concertado entre el propietario del buque o el salvador y dichos empleados, el propietario o el salvador no tienen derecho a limitar su responsabilidad respecto de dichas reclamaciones o si la mencionada ley sólo les permite limitar su responsabilidad a una cuantía que sea superior a la estipulada en el Artículo 6.

El propietario y el salvador del buque pueden perder el derecho a la limitación de su responsabilidad consagrada en el convenio si se demuestra que actuaron con intención de causar ese perjuicio, o bien temerariamente y a sabiendas de que probablemente se originaría tal perjuicio. Son conceptos similares, aunque no idénticos, a los de dolo y culpa grave (art. 4.º del convenio).

El procedimiento ordinario para invocar la limitación de la responsabilidad es la constitución de un fondo de responsabilidad hasta por la cuantía máxima establecida en el convenio. El fondo puede ser constituido por el responsable ante los tribunales competentes de cualquier país miembro del convenio en el que se hayan iniciado acciones contra el responsable por reclamaciones sujetas a la limitación.

La constitución del fondo impide que los reclamantes puedan perseguir otros bienes de la persona responsable, pues el fondo se establece para atender sus reclamaciones. El fondo se puede constituir mediante depósito en dinero o mediante una garantía que sea aceptable de acuerdo con la legislación del Estado parte donde se estableció el fondo.

Si no se ha constituido el fondo, la persona responsable puede invocar el derecho a limitar su responsabilidad conforme al convenio, en cualquier acción que sea iniciada en su contra con base en una reclamación sujeta a la limitación (art. 10).

El 8 de junio de 2015 entraron en vigor las enmiendas para incrementar los límites de responsabilidad del Protocolo de 1996, que modifica el Convenio original de 1976 (Protocolo LLMC 96), lo que supone que la cantidad exigible por la pérdida de vida o lesiones personales (en el caso de los buques cuyo arqueo bruto no exceda de 2000 toneladas) asciende a 3,02 millones de derechos especiales de giro (DEG); la cantidad anterior era de 2 millones de DEG (las cantidades reclamables aumentan en el caso de buques de mayores dimensiones).

Las enmiendas al protocolo incrementan los límites como sigue:

- El límite de responsabilidad exigible por reclamaciones que impliquen la muerte o lesiones corporales de los pasajeros en buques cuyo arqueo bruto no exceda de 2.000 toneladas se establece en 3,02 millones de derechos especiales de giro (DEG); el límite anterior era de 2 millones de DEG.
- En buques de mayores dimensiones, se usan los siguientes valores para calcular las cuantías de limitación:

  – de 2.001 a 30.000 toneladas, 1.208 DEG por tonelada (anteriormente 800 DEG)

  – de 30.001 a 70.000 toneladas, 906 DEG por tonelada (anteriormente 600 DEG); y

  – por cada tonelada que exceda de 70.000, 604 DEG (anteriormente 400 DEG).
- El límite de responsabilidad de reclamaciones de bienes en el caso de los buques cuyo arqueo bruto no exceda de 2.000 asciende a 1,51 millones de DEG (hasta de 1 millón de DEG).
- En buques de mayores dimensiones se usan los siguientes valores para calcular las cuantías de limitación:

  – de 2.001 a 30.000 toneladas, 604 DEG por tonelada (anteriormente 400 DEG).

  – de 30.001 a 70000 toneladas, 453 DEG por tonelada (anteriormente DEG).

  – por cada tonelada que exceda de 70.000, 302 DEG (anteriormente 200 DEG).

2. *Vigencia*

El Convenio sobre la Limitación de la Responsabilidad nacida de Reclamaciones de Derecho Marítimo, de 1976, y su Protocolo modificatorio de 1996 han sido de gran aceptación internacional.

El convenio original fue ratificado o adherido por un total de 55 países y entró en vigencia internacional el 1.º de diciembre de 1986.

El Protocolo modificatorio de 1996 (LLMC 76/96) ha sido ratificado o adherido por 58 estados y entró en vigencia internacional el 13 de mayo de 2004.

3. *Países iberoamericanos que son parte del convenio*

En Iberoamérica, el Convenio sobre la Limitación de la Responsabilidad nacida de Reclamaciones de Derecho Marítimo, de 1976 (LLMC 76), ha sido ratificado o adherido por Jamaica y por México. Su Protocolo modificatorio de 1996 (LLMC 76/96) fue ratificado por Jamaica.

4. *Conclusión*

Colombia no suscribió el Convenio LLMC 76, ni su Protocolo de 1996, y tampoco ha adherido a ellos posteriormente.

El autor recomienda la adhesión de Colombia al Convenio sobre la Limitación de la Responsabilidad nacida de Reclamaciones de Derecho Marítimo, hecho en Londres el 19 de noviembre de 1976, y su Protocolo modificatorio de 1996 (LLMC 76/96), por la importancia de la adopción de una herramienta estándar, de amplia aceptación internacional, para unificar las condiciones y los topes en los que los armadores de los buques que naveguen por sus aguas jurisdiccionales puedan limitar su responsabilidad por los daños que causen a terceros.

La adhesión a este convenio otorgaría al país una herramienta efectiva para poder reclamar la responsabilidad civil por los daños que causen sus naves. En mi opinión, resulta conveniente adherir al convenio sin la reserva respecto de las reclamaciones relacionadas con la puesta a flote, remoción, destrucción o eliminación de la peligrosidad de un buque hundido, naufragado, varado o abandonado, con inclusión de todo lo que esté o haya estado a bordo de tal buque (art. 2.1.d).

En efecto, adelante también se recomendará que Colombia adhiera al Convenio Internacional de Nairobi sobre Remoción de Restos de Naufragios de 2007. Este convenio permitiría al país exigir a los buques que pretendan arribar a sus aguas marítimas la constitución de un seguro de responsabilidad civil por los daños derivados de la remoción de restos de naufragios por una suma igual al límite de responsabilidad establecida en el convenio LLMC/76 o en la legislación nacional. En la práctica, es más fácil establecer esta exigencia acudiendo a los límites del Convenio LLMC/76, ya aceptados internacionalmente, que acudir a límites indemnizatorios diferentes consagrados en la ley nacional.

Por el contrario, el autor recomienda adherir al Convenio LLMC/76 con la reserva respecto de las reclamaciones relacionadas con la remoción o la destrucción del cargamento del buque o la eliminación de la peligrosidad de dicho cargamento (art. 2.1.e). La razón que motiva esta recomendación es que adelante también se aconsejará que Colombia adhiera al Convenio Internacional sobre Responsabilidad e Indemnización de Daños en relación con el Transporte de Marítimo de Sustancias Nocivas y Potencialmente Peligrosas de 1996, y su Protocolo de 2010 (Convenio SNP), el cual establece límites indemnizatorios por la contaminación derivada del transporte de sustancias nocivas y peligrosas. Este convenio cubre también el costo de medidas preventivas, entre las que bien se pueden incluir la remoción, destrucción o eliminación de la peligrosidad del cargamento, y ofrece límites indemnizatorios más altos (más la indemnización del fondo complementario), así como la exigencia de un seguro de responsabilidad que ampare los daños previstos por el convenio y hasta los límites indemnizatorios allí establecidos.

Una vez hecha la adhesión será necesario que el país expida una legislación que implemente el convenio y haga efectiva su aplicación, con medidas tales como la designación de los jueces competentes y el procedimiento aplicable para la constitución del fondo de responsabilidad, la forma y el monto de las garantías admisibles para respaldarlo, la forma de presentación de las reclamaciones, la legitimación de los sujetos facultados para reclamar y el orden de prelación especial de los créditos, si a ello hubiere lugar.

B. Convenio Internacional sobre Responsabilidad Civil nacida de Daños debidos a Contaminación por Hidrocarburos de 1969 y sus Protocolos de 1992 y de 2000 – CLC 69/92/2000

1. Reseña

Después del accidente del buque Torrey Canyon, ocurrido en 1967, la comunidad marítima internacional y la OMI trabajaron en la elaboración de un convenio internacional que estableciera un sistema de compensación de los daños derivados de la contaminación ambiental derivada del transporte de hidrocarburos. El resultado de este trabajo es el Convenio Internacional sobre Responsabilidad Civil nacida de Daños debidos a Contaminación por Hidrocarburos de 1969, conocido como CLC 69.

El objetivo de este convenio es crear un sistema adecuado y balanceado para garantizar una compensación de los daños causados por el derrame de hidrocarburos transportados en buques. Para ello, el convenio introdujo varias novedades en el derecho marítimo internacional, tales como la denominada "canalización de la responsabilidad", la adopción de un sistema de responsabilidad objetiva, el establecimiento de límites indemnizatorios a dicha responsabilidad y la exigencia de seguros obligatorios de responsabilidad.

La "canalización de la responsabilidad" consiste en asignar directamente la responsabilidad por el derrame de hidrocarburos al propietario registrado de la nave transportadora, independientemente de si esta se encuentra bajo un contrato de fletamento por tiempo, por viaje, o bajo cualquier otro acuerdo que implique que el propietario registrado no opera directamente el buque[29]. En todo caso, el propietario registrado del buque podrá repetir contra la persona responsable de la operación del buque, de acuerdo con la ley que resulte aplicable.

El sistema de responsabilidad objetiva consagrado en el convenio (art. III) consiste en que el propietario registrado del buque causante del derrame de hidrocarburos es considerado responsable, y no puede exonerarse demostrando que actuó sin culpa, sino que solamente será exonerado de responsabilidad si acredita que el derrame fue causado por uno de los siguientes eventos:

- Acto de guerra, hostilidades, guerra civil o insurrección, o un fenómeno natural, de carácter excepcional, inevitable e irresistible.
- Acción u omisión de un tercero que actuó con la intención de causar daños.

29 El convenio también prohíbe la interposición de acciones contra los dependientes o agentes del propietario registrado del buque (art. III.4).

• Negligencia o acción lesiva de otra índole de cualquier Gobierno o autoridad responsable del mantenimiento de luces u otras ayudas náuticas, en el ejercicio de esa función.

• Acción u omisión de la persona que sufrió el daño.

La siguiente característica del Convenio CLC 69 es la consagración de un límite indemnizatorio de la responsabilidad del propietario registrado de la nave que causó el derrame de hidrocarburos, el cual se calcula de acuerdo con su tonelaje de registro bruto (TRB). El convenio original de 1969 estableció límites indemnizatorios basados en el Franco Poincaré (que a su vez se calculaba sobre el valor del oro). El límite indemnizatorio fijado por el convenio original de 1969 fue de 2.000 Francos Poincaré por tonelada de arqueo del buque, sin que se exceda la suma de 210 millones de Francos Poincaré. Este límite indemnizatorio no podía invocarse si el siniestro fue causado por falta concreta o culpa del propietario de la nave.

Para poder beneficiarse de los límites indemnizatorios, el propietario registrado de la nave que causó el derrame debe constituir un fondo hasta por la cuantía de dichos límites, ante el tribunal o la autoridad competente de cualquiera de los Estados parte en los que se interpongan las acciones de responsabilidad amparadas por el convenio.

El Franco Poincaré como unidad de cuenta para el cálculo de los límites indemnizatorios del convenio CLC 69 fue cambiado mediante el Protocolo de 1976, para establecerlos con base en los derechos especiales de giro (DEG) del Fondo Monetario Internacional. Conforme a este protocolo, entonces, el límite indemnizatorio se fijó en 133 DEG por tonelada de arqueo del buque, sin que esta cuantía pueda exceder 14 millones de DEG.

La cuarta característica de este convenio es que exige a los buques matriculados en un Estado parte la contratación de un seguro de responsabilidad civil, u otra garantía financiera equivalente, hasta por un monto equivalente a los límites indemnizatorios de responsabilidad consagrados en el convenio[30]. Todo buque debe portar un certificado que acredite la existencia de este seguro, o garantía financiera equivalente, cuya exhibición puede ser exigida por la autoridad competente de cada Estado parte como requisito para permitir el ingreso de la nave en sus aguas jurisdiccionales. Ahora bien, en todo caso, cada Estado parte del convenio puede exigir este mismo certificado a todo buque transportador de hidrocarburos, independientemente del país donde se encuentre matriculado. El convenio consagra la posibilidad de interponer acción directa contra el asegurador, o quien provea la garantía financiera, para reclamar las indemnizaciones por los daños causados por derrames de hidrocarburos.

El convenio se aplica a todos los buques de navegación marítima que transporten hidrocarburos a granel como carga, pero solo los que transporten más de 2.000 toneladas de hidrocarburos deberán mantener un seguro de daños debidos a contaminación por hidrocarburos.

El convenio no se aplica a los buques de guerra ni a otras naves propiedad de un Estado o explotadas por este y que se empleen por el momento en servicios gubernamentales sin finalidad comercial. El convenio se aplica respecto de las disposiciones de responsabilidad y jurisdicción a los buques propiedad de un Estado que se exploten para fines comerciales. La única excepción en este caso es que tales buques no tienen obligación de contar con el seguro obligatorio. En cambio, deben llevar un certificado expedido por la autoridad correspondiente del Estado de matrícula

30 El seguro se exige a los buques que transporten más de 2.000 toneladas de hidrocarburos a granel como carga.

en el que se declare que está amparada la responsabilidad del buque prevista en el convenio.

a. Protocolo de 1992

Los límites indemnizatorios originales se consideraron muy bajos, por lo cual fueron elevados por el Protocolo de 1984 y posteriormente por el Protocolo de 1992, que son los que se encuentran vigentes. Los límites indemnizatorios actuales del Convenio CLC 69 (actualizados por el Protocolo de 1992), entonces, son los siguientes:

- Para los buques que no excedan de 5.000 toneladas de registro bruto (TRB), el límite indemnizatorio es una suma equivalente a tres millones de DEG (aproximadamente US$4.260.000);
- Para los buques de entre 5.000 y 140.000 toneladas de registro bruto (TRB), el límite indemnizatorio es una suma equivalente a tres millones de DEG (aproximadamente US$4.260.000) más una suma equivalente a 420 DEG por cada tonelada adicional (aproximadamente US$596 por cada tonelada adicional).
- Para los buques de más de 140.000 toneladas de registro bruto (TRB), el límite indemnizatorio es una suma equivalente a 59.700.000 DEG (aproximadamente US$84.774.000).

Debido al aumento considerable de los límites indemnizatorios, el Protocolo de 1992 estableció que el propietario registrado del buque solamente puede perder el derecho a invocar esta limitación de su responsabilidad si se prueba que los daños ocasionados por contaminación se debieron a una acción o a una omisión suyas, y que actuó así con intención de causar esos daños, o bien temerariamente y a sabiendas de que probablemente se causarían tales daños. Esto implica, en la práctica, que es muy difícil lograr que el propietario registrado de la nave contaminadora no pueda invocar los límites indemnizatorios.

Igualmente, el convenio exige a los buques que transportan hidrocarburos contar con un seguro de responsabilidad civil, o una garantía financiera equivalente, hasta por el monto de los límites indemnizatorios de responsabilidad calculados conforme al convenio, de acuerdo con su tonelaje de arqueo. Cada buque debe portar a bordo el certificado de seguro que acredite la existencia de dicha cobertura, el cual puede ser exigido por cada Estado Parte del convenio como requisito para permitir su entrada a sus aguas jurisdiccionales.

El Protocolo de 1992 también amplió el ámbito de aplicación del convenio a los daños por contaminación ocasionados en la zona económica exclusiva (ZEE) o zona equivalente de los Estados Parte. El protocolo cubre los daños ocasionados por contaminación que ya cubría el convenio, pero la indemnización por daños al medio ambiente está limitada al costo de las medidas razonables de reparación del daño. También se prevé la posibilidad de obtener indemnización por los gastos relacionados con la adopción de medidas preventivas, aun cuando no haya existido realmente un derrame de hidrocarburos, siempre que hubiese existido una amenaza real, grave e inminente de que se produjera el derrame y que existiere un daño ambiental derivado de ello.

b. Protocolo de 2000

El 18 de octubre de 2000 se firmó un nuevo Protocolo al Convenio CLC 69, mediante el cual se aumentaron los límites indemnizatorios en un 50 % respecto de los que se habían establecido en el Protocolo de 1992. De acuerdo con el Protocolo de 2000, los nuevos límites indemnizatorios de la responsabilidad del propietario registrado del buque que causó el derrame son los siguientes:

- Para los buques que no excedan de 5.000 toneladas de registro bruto (TRB), el límite indemnizatorio es una suma equivalente a 4,51 millones de DEG (aproximadamente US$6.404.000);
- Para los buques de entre 5.000 y 140.000 toneladas de registro bruto (TRB), el límite indemnizatorio es una suma equivalente a 4,51 millones de DEG (aproximadamente US$6.404.000), más una suma equivalente a 631 DEG por cada tonelada adicional (aproximadamente US$896 por cada tonelada adicional).
- Para los buques de más de 140.000 toneladas de registro bruto (TRB), el límite indemnizatorio es una suma equivalente a 89,77 millones de DEG (aproximadamente US$127.423.000).

2. Vigencia

El Convenio CLC 69 entró en vigencia internacional el 19 de junio de 1975.

El Protocolo de 1992 entró en vigencia internacional el 30 de mayo de 1996.

El Protocolo de 2000 entró en vigencia el 1.º de noviembre de 1993, por cuanto la revisión de los límites indemnizatorios se hizo mediante el sistema establecido en el artículo 15 (1) y (2) del Protocolo de 1992, conforme al mecanismo de enmienda tácita consagrado en el artículo 15 (7) del mismo protocolo.

3. Países iberoamericanos que son parte del convenio

Países iberoamericanos que son parte del Convenio CLC de 1969: Brasil, Colombia, Costa Rica, República Dominicana,

Ecuador, El Salvador, Guatemala, Honduras, México, Nicaragua, Panamá, Perú, Portugal, España y Venezuela.

Países iberoamericanos que ratificaron el Protocolo de 1992: Argentina, Chile, Colombia, República Dominicana, Ecuador, El Salvador, Guatemala, Honduras, Jamaica, México, Nicaragua, Panamá, Perú, Portugal, España, Uruguay y Venezuela.

Países iberoamericanos que han ratificado el Protocolo de 2000: ningún país iberoamericano ha ratificado el Protocolo de 2000.

4. *Conclusión*

Colombia no suscribió el Convenio CLC de 1969, pero adhirió a él posteriormente mediante la Ley 55 de 1989. Tampoco suscribió el Protocolo de 1992, aunque adhirió a él luego mediante la Ley 523 de 1999. El Protocolo de 1992 tiene un sistema de denuncia automática del Convenio de 1969; es decir que, cuando un país ratifica el Protocolo de 1992, automáticamente denuncia el Convenio original CLC 69 y, por lo tanto, se rige por el sistema del CLC 1992. Este es el caso de Colombia.

No obstante, Colombia no ha suscrito ni ha adherido al Protocolo de 2000, que aumenta considerablemente los límites indemnizatorios (en un 50 %) de la responsabilidad del propietario registrado del buque causante del derrame de hidrocarburos.

Por lo tanto, el autor recomienda la adhesión al Protocolo de 2000 al Convenio CLC 92, pues con ello se contaría con una suma significativamente más alta para indemnizar los daños que podrían derivarse de un evento de derrame de hidrocarburos.

C. Convenio Internacional sobre la Constitución de un Fondo Internacional de Indemnización de Daños causados por la Contaminación con Hidrocarburos, de 1971, su Protocolo de 1992 y su Protocolo de 2003 (FUND PROT 2003)

1. Reseña

Colombia es parte del sistema internacional de compensación e indemnización de la contaminación derivada de los derrames de hidrocarburos que se transporten como carga en los buques de transporte marítimo, integrado por el Convenio Internacional sobre Responsabilidad Civil Nacida de Daños debidos a Contaminación por Hidrocarburos de 1969 (CLC 69)[31] y sus protocolos de 1976, 1985 y 1992[32] (CLC 92), así como por el Convenio sobre la Constitución de un Fondo Internacional de Indemnización de Daños debidos a Contaminación por Hidrocarburos de 1971 (FUND 71)[33] y sus protocolos de 1976, 1984 y 1992[34, 35] (FUND 92).

El sistema del convenio CLC 92 está diseñado para que los armadores de los buques que produzcan contaminación marina por derrame de hidrocarburos estén obligados a pagar una indemnización hasta los límites establecidos en la misma convención. Sin embargo, dada la magnitud de los daños derivados de este tipo de contaminación,

31 Este convenio fue ratificado mediante Ley 55 de 1989.

32 Estos protocolos fueron ratificados mediante Ley 523 de 1999.

33 Este convenio, junto con su protocolo modificatorio de 1976, fue ratificado mediante Ley 257 de 1997.

34 Los protocolos modificatorios de 1984 y 1992 fueron ratificados por la Ley 523 de 1999.

35 Colombia no ha ratificado el Protocolo de 2000 al Convenio CLC, ni el Protocolo de 2003 al Convenio del Fondo.

se creó un instrumento complementario por medio del convenio FUND 71, que consiste en la creación de un fondo alimentado con aportes de los países importadores de petróleo, con base en el cual se indemnizarán los daños de contaminación por derrame de hidrocarburos cuando el armador no sea encontrado responsable bajo el convenio CLC, o cuando el armador responsable no pueda pagar la indemnización, o cuando la compensación del sistema CLC sea insuficiente.

a. El Convenio del Fondo original de 1971

El convenio se originó en la convicción de que la reparación de los daños derivados del transporte marítimo de hidrocarburos no debe ser asumida únicamente por la industria naviera, sino también por los que encargan dicho transporte, es decir, los importadores de petróleo y otros productos derivados de los hidrocarburos. En consecuencia, el convenio contempla la constitución de un fondo alimentado por contribuciones de los importadores de estos productos, cuyo destino es compensar económicamente los daños derivados de un derrame de hidrocarburos transportados por mar, cuando el armador no sea encontrado responsable bajo el convenio CLC, o cuando el armador responsable no pueda pagar la indemnización, o cuando la compensación del sistema CLC sea insuficiente.

En efecto, el convenio Fondo 71 se activa, en primer lugar, cuando el propietario registrado de la nave portante de los hidrocarburos está amparado en alguna de las causales exonerativas de responsabilidad consagradas en el convenio CLC.

En segundo lugar, el convenio indemniza los daños cuando, a pesar de que el propietario registrado de la nave es responsable conforme al convenio CLC, no puede pagar la indemnización prevista en el mismo por una situación de insolvencia financiera y el seguro o la garantía financiera contemplada en el convenio CLC no ampara el daño o no provee una indemnización satisfactoria; para ello, la víctima debe demostrar que adoptó todas las medidas razonables para obtener una indemnización del propietario registrado y de la garantía.

Finalmente, el Fondo 71 también opera cuando la indemnización pagada con fundamento en el convenio CLC no es suficiente para reparar el daño causado por el derrame de hidrocarburos, incluyendo los gastos o sacrificios hechos voluntariamente por el propietario de la nave para evitar o minimizar el daño.

El Fondo 71 también cubre los daños de contaminación por derrame de hidrocarburos derivados de un fenómeno natural de carácter excepcional, inevitable e incontrolable (art. 4 [b]).

El Fondo está exonerado de pagar una contribución cuando se demuestra que el daño es consecuencia de un hecho de guerra, de hostilidades, de guerra civil o de insurrección, o fue ocasionado por un derrame o descarga de hidrocarburos procedente de un barco de guerra o de algún otro barco perteneciente a un Estado o explotado por él y exclusivamente destinado, en el momento del siniestro, a un servicio no comercial del Gobierno. También se exonera si el reclamante no prueba que el daño fue casado por una o más naves.

Del mismo modo, el Fondo se exime del pago del daño, si demuestra que el daño ha sido causado, en su totalidad o en parte, por la intención dolosa o negligente de la víctima, aunque en este evento aún debe cubrir las medidas preventivas adoptadas por el propietario de la nave para evitar o reducir el daño.

El límite máximo de la contribución del Fondo de 1971 es una suma equivalente a 450 millones de Francos Poincaré, incluyendo el monto de la indemnización que se hubiere pagado en virtud del convenio CLC.

El Convenio del Fondo de 1971 dejó de estar en vigencia el 24 de mayo de 2002, cuando menos de 25 países eran Estados miembros del convenio original del Fondo de 1971.

b. El Protocolo de 1992

El 27 de noviembre de 1992 se celebró un nuevo convenio que creó el "Fondo internacional de indemnización de daños debidos a contaminación por hidrocarburos, 1992", que reemplazó en su integridad al Fondo de 1971, creado por el primer convenio antes referido. El objetivo del nuevo Fondo 92 es ampliar la cobertura y aumentar los montos de indemnización respecto del Fondo 71.

En primer lugar, el Fondo 92 no solo cubre los daños por contaminación causados por derrames de hidrocarburos ocurridos en el mar territorial de un Estado Parte, sino que también se extiende para amparar los daños ocurridos en su zona económica exclusiva (art. 3)[36]. El Fondo 92 también cubre los gastos correspondientes a las medidas preventivas para evitar o reducir los daños por contaminación, independientemente del área donde se hayan practicado dichas medidas.

---

36 Si un Estado Parte no ha establecido una zona económica exclusiva de acuerdo con el derecho internacional, entonces para los efectos del convenio se entiende por esta un área situada más allá del mar territorial de ese Estado y adyacente al mismo, que no se extienda más allá de 200 millas marinas contadas desde las líneas de base a partir de las cuales se mide la anchura del mar territorial de dicho Estado (art. 3 [b]).

El Fondo 92 mantiene las mismas causales en virtud de las cuales adquiere la obligación de pagar una indemnización, como fueron originalmente consagradas en el Fondo 71. Igualmente, mantiene las mismas exoneraciones, aunque en el caso de que se demuestre que los daños por contaminación fueron causados total o parcialmente por la intención dolosa o la negligencia de la víctima, también precisa que esta exoneración solo es aplicable en la medida en que el propietario del buque haya sido exonerado de responsabilidad conforme al Convenio CLC 92. Dicha exoneración del Fondo 92 no comprende las medidas preventivas (art. 4.º).

Al igual que el de 1971, el Fondo 92 también cubre los daños de contaminación por derrame de hidrocarburos derivados de un fenómeno natural de carácter excepcional, inevitable e incontrolable (art. 4.1 [c]).

El Convenio FUND 92 aumenta sustancialmente los límites indemnizatorios y cambia la unidad de su medida, del Franco Poincaré a los derechos especiales de giro (DEG) del Fondo Monetario Internacional. De este modo, el Fondo 92 ofrece una compensación máxima equivalente a 135.000.000 DEG por cada evento, incluyendo la indemnización que se haya obtenido con fundamento en el Convenio CLC 92 (art. 4.4 [a]). El mismo límite indemnizatorio se aplica a los daños de contaminación por derrame de hidrocarburos derivados de un fenómeno natural de carácter excepcional, inevitable e incontrolable (art. 4.4 [b]).

Este límite se aumenta a 200.000.000 DEG cuando el evento de contaminación ocurra en el momento en que haya tres Estados Parte del convenio que hayan recibido una cantidad combinada de hidrocarburos sujetos a contribución superior a 600 millones de toneladas, durante el año anterior a la ocurrencia del evento (art. 4.4 [c]).

El artículo 6.º del Convenio FUND 92 consagra un término de prescripción de 3 años para reclamar las indemnizaciones, contados a partir de la fecha en que se haya producido el daño. Además, establece que en ningún caso será posible interponer acción alguna contra el Fondo 92 cuando hayan transcurrido 6 años desde la fecha del suceso que ocasionó los daños.

Cuando el Fondo 92 paga una indemnización conforme al artículo 4, numeral 1, se subroga en los derechos de reclamación que existan contra el propietario del buque contaminador, o de su asegurador o garante, de acuerdo con lo establecido en el Convenio CLC 92.

El artículo 33 del Convenio FUND 92 permite el aumento de los límites indemnizatorios mediante decisión del Comité Jurídico de la Organización Marítima Internacional (OMI), con aprobación de por lo menos dos tercios de los Estados Parte presentes y con derecho a voto en dicho comité.

Haciendo uso de este mecanismo, mediante Resolución del Comité Jurídico de la OMI del año 2000, se aumentaron los límites de la indemnización que paga el Fondo 92, por daños causados por el derrame de hidrocarburos, a las siguientes cantidades:

- 203.000.000 DEG por cada evento de contaminación por derrame de hidrocarburos producida por una nave, que equivalen aproximadamente a US$288.260.000 dólares (art. 4.4 [a]);
- 203.000.000 DEG por cada evento de contaminación por derrame de hidrocarburos derivados de un fenómeno natural de carácter excepcional, inevitable e incontrolable, que equivalen aproximadamente a US$288.260.000 dólares (art. 4.4 [b]);
- 300.740.000 DEG, que equivalen aproximadamente a US$427.050.800 dólares, cuando el evento de contaminación

ocurra en el momento en que haya tres Estados Parte del convenio que hayan recibido una cantidad combinada de hidrocarburos sujetos a contribución superior a 600 millones de toneladas, durante el año anterior a la ocurrencia del evento (art. 4.4 [c]).

c. El Protocolo de 2003 – Fondo complementario

El Protocolo 2003 al Convenio FUND 92 crea un fondo complementario, que ofrece una indemnización adicional a la disponible bajo el sistema del Fondo 92 del que actualmente Colombia es parte. Al adherir al Protocolo de 2003, el país podrá contar con una suma total para la indemnización de cada evento de contaminación de hasta 750 millones de derechos especiales de giro (DEG), que equivalen aproximadamente a US$1.065.000.000 dólares, incluyendo las sumas disponibles de acuerdo con el Convenio CLC 69. Se trata de una cuantía muy superior a la establecida en el Fondo de 1971 (modificado en 1992), cuyo límite máximo es de 203 millones de DEG (aproximadamente US$288.260.000 dólares).

2. Vigencia

El Convenio FUND 1971 entró en vigencia internacional el 16 de octubre de 1978, dejó de estar en vigencia el 24 de mayo de 2002 y fue reemplazado por el Fondo creado mediante el Protocolo de 1992.

El Protocolo de 1992, que crea el Fondo de 1992, entró en vigencia internacional el 30 de mayo de 1996.

El Protocolo de 2003, que crea el fondo complementario de 2003, entró en vigencia internacional el 3 de marzo de 2005.

3. Países iberoamericanos que son parte del Convenio Fondo de 1971 y sus protocolos

Países iberoamericanos que son parte del Convenio Fondo de 1971: Colombia, México, Panamá, Portugal, España y Venezuela.

Países iberoamericanos que son parte del Protocolo del Convenio Fondo de 1992: Argentina, Colombia, República Dominicana, Ecuador, Jamaica, México, Nicaragua, Panamá, Portugal, España, Uruguay y Venezuela.

Países iberoamericanos que son parte del Protocolo de 2003 al Protocolo de 1992: España y Portugal ratificaron el Protocolo del 2003 al Convenio del Fondo Internacional de Indemnización de Daños debidos a Contaminación por Hidrocarburos de 1971. Ningún país latinoamericano ha adherido al fondo complementario creado por el Protocolo de 2003.

4. Conclusión

Colombia no suscribió el Convenio FUND 71 ni su Protocolo de 1976, aunque posteriormente adhirió a ellos mediante la Ley 257 de 1997. Tampoco fue signataria del Protocolo de 1992, pero posteriormente adhirió al mismo mediante la Ley 523 de 1999. Sin embargo, no ha adherido al Protocolo de 2003, que crea el fondo complementario.

A pesar de que ningún país latinoamericano ha adherido al fondo complementario creado por el Protocolo de 2003, considero conveniente que Colombia adopte este instrumento, pues el país no está exento de que ocurra un incidente de contaminación ambiental por derrame de hidrocarburos en sus costas y, en tal evento, siempre es preferible contar con una cobertura suficiente para compensar e indemnizar todos los daños que de ello pudieren derivarse.

D. Convenio Internacional sobre Responsabilidad e Indemnización de Daños en relación con el Transporte Marítimo de Sustancias Nocivas y Potencialmente Peligrosas de 1996, y su Protocolo de 2010 (NHS 96)

No solo los hidrocarburos pueden generar contaminación ambiental marina, sino también otras sustancias nocivas o peligrosas, tales como desechos industriales y productos químicos. El objetivo de este convenio es crear un sistema uniforme internacional para la compensación o indemnización de los daños derivados de la contaminación marina originada en el transporte marítimo de sustancias nocivas o peligrosas diferentes a los hidrocarburos. Este régimen no comprende solamente los daños por contaminación, sino también los riesgos de incendio y explosión, incluida la pérdida de vida o las lesiones corporales, así como la pérdida o daños causados a bienes. Las sustancias nocivas y potencialmente peligrosas se definen con referencia a listas de sustancias incluidas en distintos convenios y códigos de la OMI. El convenio introduce la responsabilidad objetiva del propietario del buque y de un sistema de seguro obligatorio y de certificados de seguro.

El convenio establece un régimen de responsabilidad objetiva del armador de las naves que produzcan contaminación por el transporte de sustancias nocivas y potencialmente peligrosas. También impone a los armadores la obligación de contar con un seguro obligatorio de responsabilidad civil para cubrir las indemnizaciones previstas en el convenio.

Este convenio no ha entrado aún en vigencia internacional, pero cuenta con el apoyo de la OMI, de los Fondos internacionales de indemnización de daños debidos a contaminación por hidrocarburos (Fidac) y de la Federación Internacional Anticontaminación de Armadores de Buques Tanque (ITOPF).

El Convenio NHS fue aprobado en 1996 y sigue el modelo de los Convenios de Responsabilidad Civil por Contaminación por Derrame de Hidrocarburos (CLC) y del Convenio del Fondo (FUND), los cuales cubren los daños debidos a la contaminación por derrames de hidrocarburos procedentes de buques tanqueros que transportan hidrocarburos a granel. El Convenio NHS busca establecer un sistema uniforme de responsabilidad civil, pero referido a la contaminación derivada de sustancias nocivas y peligrosas diferentes a los hidrocarburos, pues respecto de estos se aplica el sistema de los convenios CLC y FUND.

Como en el caso del régimen original de indemnización de la contaminación por hidrocarburos, el Convenio NHS establece un sistema de dos capas de indemnización que debe pagarse en caso de accidentes en el mar, en este caso, relacionados con sustancias nocivas y potencialmente peligrosas, tales como los productos químicos. No obstante, no solo abarca los daños por contaminación, sino también los riesgos de incendio y explosión, incluida la pérdida de vida o las lesiones corporales, así como la pérdida o daños causados a bienes.

La primera capa de indemnización está cubierta por un seguro obligatorio contratado por los propietarios de los buques, quienes podrían limitar su responsabilidad. En aquellos casos en los que el seguro no cubra el evento dañino, o cuando sea insuficiente para satisfacer la reclamación, la indemnización se obtendrá de la segunda capa de indemnización, proveniente de un fondo constituido por contribuciones de los destinatarios de las sustancias nocivas y potencialmente peligrosas (NHS). Las contribuciones se calcularán conforme a las cantidades de SNP recibidas en cada uno de los Estados miembros del convenio en el año inmediatamente anterior.

Las sustancias nocivas y potencialmente peligrosas se definen con referencia a listas de sustancias incluidas en distintos convenios y códigos de la OMI. Estas sustancias incluyen hidrocarburos, otras sustancias líquidas definidas como nocivas o peligrosas, gases licuados, sustancias líquidas con un punto de inflamación inferior a 60 °C, materiales y sustancias peligrosos, potencialmente perjudiciales, transportados en bultos, y materiales sólidos a granel definidos como capaces de presentar riesgos de carácter químico.

La definición de daños incluye la muerte y las lesiones corporales, la pérdida de bienes o los daños sufridos por bienes fuera del buque, las pérdidas o daños debidos a la contaminación del medio ambiente, el costo de las medidas preventivas y las otras pérdidas o daños ocasionados por tales medidas.

El convenio consagra la responsabilidad objetiva del propietario del buque y de un sistema de seguro obligatorio y de certificados de seguro.

En 2009, el Convenio NHS de 1996 aún no había entrado en vigor, debido a un número insuficiente de ratificaciones. Una segunda conferencia internacional, celebrada en abril de 2010, adoptó un Protocolo del Convenio NHS (Protocolo NHS de 2010), que se concibió para abordar los problemas prácticos que habían impedido que numerosos Estados ratificasen el convenio original.

Una vez que el Protocolo SNP de 2010 entre en vigor, el Convenio de 1996, enmendado por el Protocolo de 2010, pasará a llamarse Convenio internacional sobre responsabilidad e indemnización de daños en relación con el transporte marítimo de sustancias nocivas y potencialmente peligrosas, 2010.

En virtud del Protocolo de 2010, si los daños son causados por NHS a granel, se procurará primero obtener indemnización del propietario del buque, hasta el límite máximo de 100 millones de derechos especiales de giro (DEG).

A partir de ese límite, el pago de la indemnización corresponderá al segundo estrato, es decir, al Fondo NHS, hasta un máximo de 250 millones de DEG (incluida la indemnización abonada por el primer estrato).

El fondo contará con una asamblea, constituida por todos los Estados Parte en el convenio y el protocolo, y una secretaría especializada. La asamblea se reunirá normalmente una vez al año.

De conformidad con lo dispuesto en el artículo 21 del protocolo, este entrará en vigor 18 meses después de la fecha en que se hayan cumplido las siguientes condiciones:

- Que por lo menos 12 Estados, incluidos cuatro Estados con un mínimo de 2 millones de unidades de arqueo bruto cada uno, hayan manifestado su consentimiento en obligarse por él; y
- Que el secretario general haya recibido información, de conformidad con lo dispuesto en el artículo 20, párrafos 4 y 6, de que las personas que en dichos Estados estarían obligadas a pagar contribuciones en virtud de los párrafos 1 a) y c) del artículo 18 del convenio enmendado por el protocolo han recibido durante el año civil precedente una cantidad total de al menos 40 millones de toneladas de carga sujeta al pago de contribución a la cuenta general.

El fondo intervendrá en los siguientes eventos:

- Cuando el propietario del buque no sea responsable de los daños, conforme al convenio. Esto podría suceder, por ejemplo, si el propietario del buque no hubiera sido informado de que la carga transportada por el buque contenía sustancias nocivas o potencialmente peligrosas o si el accidente se hubiera producido como resultado de un acto de guerra;

• Cuando el propietario responsable de los daños sea financieramente insolvente para dar pleno cumplimiento a sus obligaciones en virtud del convenio y la garantía financiera provista no cubra las reclamaciones de indemnización de daños o sea insuficiente para satisfacerlas; o

• Cuando la cuantía de los daños rebase los límites de la responsabilidad del propietario estipulados en el convenio.

Las contribuciones al Fondo NHS serán aportadas por las personas o empresas que en cada país miembro del convenio reciban una determinada cantidad mínima de sustancias nocivas y potencialmente peligrosas como carga durante un año. Esta capa de indemnización estará constituida por una cuenta general y tres cuentas independientes: una para los hidrocarburos, otra para los gases naturales licuados (GNL) y la tercera para los gases de petróleo licuados (GPL). Este sistema de cuentas separadas se considera una forma de evitar que unas sustancias subvencionen a otras.

El Convenio NHS excluye los daños debidos a contaminación como se definen en el Convenio Internacional sobre responsabilidad civil por daños causados por la contaminación de las aguas del mar por hidrocarburos y en el Convenio internacional sobre la constitución de un fondo internacional de indemnización de daños causados por la contaminación de hidrocarburos, con el fin de evitar que su función duplique la de estos dos convenios.

Sin embargo, el Convenio NHS cubre otros daños (incluidos muerte y lesiones corporales), así como daños causados por incendio o explosión, o ambos, cuando se transportan hidrocarburos.

1. *Vigencia*

El Convenio NHS 96 no ha entrado aún en vigencia internacional y, por lo tanto, tampoco su Protocolo de 2010.

2. *Países iberoamericanos que son parte del Convenio NHS de 1996 y sus protocolos*

Ningún país iberoamericano ha ratificado el Convenio NHS de 1996 ni su Protocolo de 2010.

3. *Conclusión*

Colombia no es signataria del Convenio NHS 96 ni de su Protocolo de 2006, y tampoco ha adherido a ellos. A mi juicio, resulta conveniente para el país la adhesión a este convenio, junto con su protocolo, dada la potencialidad de que en sus costas puedan ocurrir eventos de contaminación ambiental marina derivada del transporte marítimo de sustancias nocivas o peligrosas diferentes a los hidrocarburos.

E. Convenio Internacional sobre Responsabilidad por Contaminación por Derrame de Combustibles de Buques de 2001 (BUNKERS 2001)

El objetivo de este convenio es establecer un sistema internacional unificado de responsabilidad por los daños debidos a la contaminación de hidrocarburos utilizados como combustible de los buques. Este convenio fue adoptado el 23 de marzo de 2001 y adquirió vigencia internacional el 21 de noviembre de 2008.

Desde los trabajos preparatorios de los convenios CLC de 1969 y FUND de 1971 se evidenció que su ámbito de aplicación estaba limitado a la indemnización de la contaminación derivada del derrame de hidrocarburos que fueran objeto de transporte, como carga a granel, en buques tanqueros. Por lo tanto, si bien estos dos instrumentos internacionales han sido de gran utilidad y beneficio para la comunidad internacional, hacía falta un convenio internacional de indemnización para los sucesos de contaminación por hidrocarburos que estuvieran a bordo de un buque como parte de sus provisiones de combustible, y no solo como carga.

El Convenio Internacional sobre Responsabilidad por Contaminación por Derrame de Combustibles de Buques de 2001, conocido como BUNKERS 2001, es la respuesta a esta necesidad.

El Convenio BUNKERS 2001 tiene una estructura y unas figuras similares a las del Convenio CLC de 1992, en el sentido en que establece la "canalización de la responsabilidad" hacia el propietario del buque, consagra un régimen de responsabilidad objetiva, contempla límites indemnizatorios a dicha responsabilidad y exige un seguro obligatorio para los buques que pretendan ingresar a las aguas de Estados parte del convenio. A continuación haré una descripción general de las características de este convenio.

El convenio es aplicable a los daños por contaminación ocasionados por derivados de hidrocarburos (incluyendo lubricantes) que se encuentren a bordo del buque utilizándose, o para ser utilizados como combustible, y que se produzcan en el territorio de un Estado parte, comprendiendo su mar territorial, así como en su zona económica exclusiva. También se aplica a las medidas preventivas que se adopten para evitar o reducir al mínimo dichos daños (art. 2).

La responsabilidad por estos daños corresponde al propietario del buque, entendiendo como tal al propietario registrado o inscrito, al fletador a casco desnudo, al gestor naval y al armador; si existen todos ellos respecto de la nave, serán responsables solidariamente (arts. 1.4 y 3.2).

El propietario del buque podrá exonerarse de responsabilidad solamente si prueba la existencia de alguna de las siguientes causales (arts. 3.3 y 3.4):

- Que los daños se debieron a un acto de guerra, hostilidades, guerra civil o insurrección, o a un fenómeno natural de carácter excepcional, inevitable e irresistible; o
- Que los daños se debieron totalmente a la acción o a la omisión de un tercero que actuó con la intención de causar daños; o
- Que los daños se debieron totalmente a la negligencia o a una acción lesiva de otra índole de cualquier Gobierno o autoridad responsable del mantenimiento de luces o de otras ayudas a la navegación, en el ejercicio de esa función.
- Que los daños debidos resultaron total o parcialmente de una acción u omisión de la persona que los sufrió, la cual actuó así con la intención de causarlos, o de la negligencia de esa persona (en este caso, el propietario del buque podrá ser exonerado total o parcialmente de su responsabilidad ante esa persona).

El Convenio BUNKERS 2001 no consagra un límite indemnizatorio especial de responsabilidad, sino que hace remisión al límite indemnizatorio de responsabilidad aplicable de acuerdo con la ley nacional o con el convenio internacional pertinente, con especial referencia al Convenio sobre la limitación de la responsabilidad nacida de Reclamaciones de Derecho Marítimo de 1976. Al respecto, el artículo 6.º del convenio dice:

> Artículo 6. Limitación de la responsabilidad. Nada de lo dispuesto en el presente Convenio afectará al derecho del propietario del buque y de la persona o personas que

> provean un seguro u otra garantía financiera de limitar su responsabilidad en virtud de cualquier régimen nacional o internacional aplicable, como el Convenio sobre limitación de la responsabilidad nacida de reclamaciones de derecho marítimo, 1976, enmendado.

En el caso en que el daño sea producido por la participación de dos o más buques, sus propietarios serán solidariamente responsables de todos los daños que no puedan ser razonablemente atribuidos a cada uno de los buques por separado (art. 7.º).

El Convenio BUNKERS 2001 exige a los buques matriculados en un Estado parte la contratación de un seguro de responsabilidad civil, u otra garantía financiera equivalente, hasta por un monto semejante a los límites indemnizatorios de responsabilidad contemplados en el régimen nacional o internacional que resulte aplicable, y en todo caso por un monto que no sea superior a los límites indemnizatorios previstos en el Convenio sobre la limitación de la responsabilidad nacida de Reclamaciones de Derecho Marítimo de 1976[37]. Todo buque debe portar un certificado que acredite la existencia de este seguro, o garantía financiera equivalente, cuya exhibición puede ser exigida por la autoridad competente de cada Estado parte como requisito para permitir el ingreso de la nave en sus aguas jurisdiccionales. El convenio consagra la posibilidad de interponer acción directa contra el asegurador, o quien provea la garantía financiera, para reclamar las indemnizaciones por los daños causados por derrames de hidrocarburos que se encuentren a bordo para su uso como combustible.

---

37 El seguro se exige a los buques de arqueo bruto superior a 1.000 toneladas.

El convenio no se aplica a los buques de guerra, buques auxiliares de la armada u otros buques cuya propiedad o explotación corresponda a un Estado y que estén destinados exclusivamente, en el momento en que ocurre el incidente[38], a servicios no comerciales del gobierno (art. 4.º). Y tampoco es aplicable a los daños por contaminación de hidrocarburos que se encuentren definidos por el Convenio CLC de 1992, sea que resulte pagadera o no una indemnización conforme a dicho convenio.

El artículo 9.º del convenio establece que las reclamaciones por los daños amparados por este deberán presentarse ante los tribunales del Estado o los Estados parte en los que se haya producido el daño. De igual manera, su artículo 10 señala que los fallos definitivos proferidos por el tribunal competente, conforme al artículo 9.º, deberán ser reconocidos en cualquier otro Estado parte, a menos que dicho fallo se haya obtenido fraudulentamente, o no se haya informado al demandado con antelación suficiente, privándolo de la oportunidad de presentar su defensa.

1. Vigencia

El Convenio BUNKERS 2001 entró en vigencia internacional el 21 de noviembre de 2008.

2. Países iberoamericanos que son parte del Convenio BUNKERS 2001

Ecuador, España, Nicaragua, Panamá, Portugal y Jamaica.

38 El artículo 4.º se refiere a "el momento considerado".

3. *Conclusión*

Colombia no suscribió el Convenio BUNKERS 2001 y tampoco ha adherido a él posteriormente.

A juicio del autor, es altamente recomendable que Colombia adhiera a este convenio por cuanto representa una herramienta muy importante para obtener una adecuada indemnización de los daños derivados de eventos de contaminación ambiental por derrame de hidrocarburos utilizados, o con el propósito de ser utilizados, como combustible de los buques que ingresan a sus aguas jurisdiccionales. Se trata de un convenio complementario del Convenio CLC de 1992 y del Convenio del Fondo de 1992 (FUND 92), de los cuales ya es parte Colombia.

IV. TRANSPORTE MARÍTIMO

A. Convenio Internacional sobre el Contrato de Transporte Internacional de Mercancías Total o Parcialmente Marítimo, firmado en Rotterdam el 23 de septiembre de 2008 (Reglas de Rotterdam)[39]

Los convenios internacionales aplicables al transporte marítimo de mercancías son la Convención de Bruselas para la unificación de ciertas reglas en materia de conocimientos de embarque firmada en 1924 (Reglas de La Haya), la misma convención anterior pero modificada por el Protocolo de Bruselas de 1968 y por el Protocolo de 1979

39 Colombia tampoco ha ratificado el Convenio Internacional para la Unificación de ciertas Reglas en materia de Conocimientos de Embarque, firmado en Bruselas el 25 de agosto de 1924 (Reglas de La Haya), con su Protocolo modificatorio firmado en Visby el 23 de febrero de 1968 (Reglas de La Haya-Visby) y su Protocolo SDR de 1979.

(Reglas de La Haya-Visby) y la Convención de las Naciones Unidas sobre el transporte marítimo de mercancías de 1978 (Reglas de Hamburgo). Colombia no ha ratificado ninguna de ellas.

Adicionalmente, existe un nuevo convenio internacional que está propuesto para reemplazar a todos los anteriores. Es el Convenio Internacional sobre el Contrato de Transporte Internacional de Mercancías Total o Parcialmente Marítimo, firmado en Rotterdam el 23 de septiembre de 2008, conocido como las Reglas de Rotterdam. Este convenio no ha reunido aún el número de 20 ratificaciones suficientes para que adquiera vigencia internacional, pues hasta ahora ha sido ratificado por 5 países[40].

Esta multiplicidad de convenios impone la necesidad de adelantar un análisis comparativo entre ellos, con el fin de identificar los elementos de juicio para decidir cuál resulta más conveniente para Colombia. Para ello, inicialmente haré una breve descripción de los aspectos más relevantes de las Reglas de La Haya-Visby y de las Reglas de Hamburgo. Posteriormente, haré un análisis comparativo de estos dos convenios frente a las Reglas de Rotterdam[41].

---

40 Benín, Camerún, Congo, España y Togo. (https://uncitral.un.org/en/texts/transportgoods/conventions/rotterdam_rules/status).

41 El autor advierte que el análisis comparativo que se encuentra en este texto partió de un trabajo inicial del mismo autor elaborado en el año 2010 para el Instituto Iberoamericano de Derecho Marítimo y que fue publicado en la *Revista Ateneo del Transporte* n.º 54, Buenos Aires, Argentina, en el 2010. Sin embargo, los comentarios y la comparación analítica de los convenios aplicables al contrato de transporte marítimo de mercancías que se encuentra en este texto es una versión diferente, más completa y más elaborada.

1. *Las Reglas de La Haya-Visby*

Analizaré las Reglas de La Haya-Visby, en su conjunto, pues es el régimen de mayor aplicación internacional.

a. Ámbito de aplicación

- Las Reglas de La Haya (RH)

El convenio original (Reglas de La Haya – Convenio de Bruselas de 1924) es aplicable solamente a los contratos de transporte marítimo contenidos o evidenciados en un conocimiento de embarque, o en otro documento de transporte que constituya un título representativo de las mercancías[42].

De otra parte, el artículo 10 de las RH establece el ámbito de aplicación en el espacio de este convenio en los siguientes términos: "Art. X. Las disposiciones del presente Convenio se aplican a todo conocimiento formalizado en uno de los Estados contratantes".

Como puede observarse, el ámbito de aplicación de las RH es bastante limitado, en la medida en que estas únicamente se aplican a los contratos de transporte contenidos o evidenciados en un conocimiento de embarque, o en un documento de transporte similar que constituya

---

42 El artículo 1 (e) de las Reglas de La Haya define el "contrato de transporte", en el contexto de dicho convenio, así: "'Contrato de Transporte' se aplica únicamente al contrato de transporte formalizado en un conocimiento o en cualquier documento similar que sirva como título para el transporte de mercancías por mar; se aplica igualmente al conocimiento o documento similar emitido en virtud de una póliza de fletamento, a contar desde el momento en que este título rige las relaciones del porteador y del tenedor del conocimiento".

título representativo de las mercancías, y que haya sido expedido en un Estado que haya ratificado el convenio.

Las RH no son aplicables a contratos de transporte nacional o de cabotaje (entre puertos de un mismo Estado), salvo que mediante legislación interna así se disponga[43].

Cuando las RH no resultan aplicables a un contrato, conforme a su artículo X, las partes pueden pactar su aplicación mediante una estipulación contractual que, en el ámbito del derecho marítimo, suele denominarse "Cláusula Paramount". Sin embargo, en este caso, las RH no se aplican al contrato con fuerza de ley (fuerza imperativa), sino que son incorporadas como una cláusula adicional del contrato, y deben interpretarse como tales[44].

- Reglas de La Haya-Visby (RHV)

El Protocolo de Bruselas de 1968 modificó el ámbito de aplicación contemplado en el convenio original, mediante la inclusión de otros supuestos de aplicación del citado régimen, además de la expedición del conocimiento en uno de los Estados contratantes. Es así como el artículo X de las RHV dice lo siguiente:

> Artículo X. Lo dispuesto en el presente Convenio se aplicará a cualquier conocimiento relativo a un transporte de

---

43 La Reserva segunda de su Protocolo de firma dice: "Las altas partes contratantes [...] Se reservan expresamente el derecho: [...] 2. De aplicar, en lo concerniente al cabotaje nacional, el artículo 6º a todas las categorías de mercancías, sin tener en cuenta la restricción que figura en el último párrafo de dicho artículo".

44 Algunos tribunales internacionales, sin embargo, han decidido que si la cláusula de incorporación de las Reglas de La Haya se denomina expresamente como "Paramount" (predominante), de ello se debe inferir la voluntad de las partes de aplicar el texto del convenio con carácter prevalente sobre las demás cláusulas del contrato.

mercancías entre puertos pertenecientes a dos Estados diferentes, siempre y cuando:

a. El conocimiento de embarque se libre en un Estado contratante.

b. El transporte se efectúe desde un puerto de un Estado contratante.

c. El conocimiento de embarque prevea que el contrato se regirá por las disposiciones del presente Convenio o de la legislación de cualquier Estado que las aplique o les dé efecto, sea cual fuere la nacionalidad del buque, del porteador, del cargador, del destinatario o de cualquier otra persona interesada.

Cada uno de los Estados contratantes aplicará las disposiciones del presente Convenio a los conocimientos de embarque mencionados en lo que queda dicho. El presente artículo no constituirá impedimento para que un Estado contratante aplique las disposiciones del presente Convenio a los conocimientos de embarque no aludidos en los apartados que anteceden.

El nuevo texto del artículo X de las RHV zanjó definitivamente la controversia sobre la internacionalidad del convenio, al establecer que este se aplicaría al "transporte de mercancías entre puertos pertenecientes a dos Estados diferentes". De este modo, se aclara que la aplicación del convenio está dirigida exclusivamente al transporte internacional. Y aclaró, además, que el criterio escogido es el de la internacionalidad objetiva del convenio, al agregar que si el contrato contenido o evidenciado en un conocimiento de embarque se encuentra dentro de su ámbito de aplicación, este se aplicará "sea cual fuere la nacionalidad del buque, del porteador, del cargador, del destinatario o de cualquier otra persona interesada". Los Estados miembros del convenio, sin embargo, podrán decidir, de acuerdo con su ley interna, si aplican las disposiciones del convenio a transportes que no estén comprendidos dentro de su ámbito de aplicación. Así se desprende del inciso final del nuevo artículo X cuando dice que "el presente artículo no constituirá impedimento para que un Estado contratante aplique las disposiciones del presente Convenio a los conocimientos de embarque no aludidos en los apartados que anteceden". Se trata, en todo caso, de una facultad totalmente discrecional de cada Estado, como expresamente lo aclara el inciso segundo del artículo 6 del Protocolo de Visby de 1968 al decir que "una de las partes del presente protocolo no estará obligada a aplicar las disposiciones del presente protocolo a los conocimientos otorgados en un Estado Contratante de la Convención, pero no Contratante de este protocolo".

Como puede observarse del texto del nuevo artículo X, el ámbito de aplicación del convenio RHV ya no se limita a los conocimientos de embarque formalizados (expedidos) en un Estado contratante, sino que se extiende también a los transportes cuyo puerto de embarque esté ubicado en un Estado contratante.

Pero el cambio más trascendental es la inclusión del tercer evento de aplicación de las Reglas de La Haya-Visby, basado en la autonomía privada de las partes mediante la utilización de una cláusula Paramount. En efecto, el literal c) del nuevo artículo X dispone que el convenio también será aplicable cuando "el conocimiento de embarque prevea que el contrato se regirá por las disposiciones del presente Convenio o de la legislación de cualquier Estado que las aplique o les dé efecto".

De este modo, bajo las RHV la cláusula Paramount adquiere un nuevo alcance y efecto, al constituir un criterio autónomo de aplicación del convenio, con la misma vocación que los otros dos criterios contenidos en los literales a) y b) de su artículo X. Por lo tanto, a pesar de que se trate de un transporte iniciado desde un puerto ubicado en un país que no haya ratificado las RHV y respecto del que se haya expedido un conocimiento en un país que tampoco haya hecho tal ratificación, dicho convenio resultará aplicable *ex proprio vigore*, si las partes han insertado en el conocimiento una cláusula Paramount que establezca que el contrato contenido y/o evidenciado en tal documento se regirá por las Reglas de La Haya-Visby o por una legislación que las aplique o les dé efecto.

La aplicación *ex proprio vigore* de las Reglas de La Haya-Visby (RHV) por virtud de una cláusula Paramount, significa que dicho convenio se aplicará al contrato de transporte marítimo en cuestión con carácter imperativo, y no con fuerza contractual, como ocurría con la incorporación de las Reglas de La Haya (RH) mediante una cláusula Paramount. Se abandona de esta manera, en forma definitiva, la tesis contractual (*the contract approach*) que imperaba bajo la vigencia de las Reglas de La Haya (RH) y que tantas dificultades de interpretación generó en diversas jurisdicciones.

Esta conclusión, sin embargo, no es unánime, ya que algunos autores sostienen que, para que las Reglas de La Haya-Visby sean aplicables con fuerza imperativa cuando han sido incorporadas mediante una cláusula Paramount, se requiere que el derecho aplicable al contrato haya reconocido el carácter imperativo del convenio[45].

---

45 Al respecto, ver Espinosa Calabuig, Rosario, *op. cit.*, p. 154, quien advierte que "[...] la calificación de dicha normativa como imperativa no siempre es una cuestión pacífica y en ocasiones ni doctrina ni jurisprudencia parecen ponerse de acuerdo al respecto. Dependiendo de que se le otorgue o no dicho carácter, ésta podrá aplicarse sin tener en cuenta la *lex contractus*

Por este motivo, algunos Estados al ratificar el Protocolo de Visby de 1968, o mejor las Reglas de La Haya-Visby, han previsto en su ley interna que estas tendrán "fuerza de ley", para de este modo garantizar que su aplicación tendrá carácter imperativo respecto de los contratos que se encuentren dentro de su ámbito de aplicación, incluyendo el caso en que las RHV resulten aplicables únicamente en virtud de una cláusula Paramount. Esto ocurre, por ejemplo, en el derecho inglés, cuyo Cogsa de 1971 –por medio del cual se ratificaron las RHV– dispone en forma expresa en su artículo 1, sección 2, que las Reglas "tendrán la fuerza de ley"[46].

Conforme al artículo III, Regla 8, de las RHV, será nula toda cláusula del conocimiento de embarque que pretenda disminuir la responsabilidad del transportador marítimo tal y como está establecida en dicho convenio, independientemente de las disposiciones del derecho aplicable al contrato (*lex contractus*), ya que las RHV devienen aplicables en forma autónoma y directa –y con efectos imperativos– en cualquiera de los tres eventos descritos en su nuevo artículo X, incluyendo la existencia de una cláusula Paramount en el conocimiento de embarque como

---

o, por el contrario, partiendo de ella. En un principio, el proyecto del Protocolo de Visby pretendía establecer, además de los nuevos criterios de aplicación del artículo 10, una disposición según la cual el Convenio se aplicaría 'cualquiera que fuera el Derecho aplicable al conocimiento de embarque' [...] El rechazo –desgraciado– de dicha propuesta supone que sólo cuando la normativa uniforme haya sido declarada imperativa en un Estado contratante se aplicará sin que haya que concretar previamente la *lex contractus*. Lo contrario conlleva el peligro de que la determinación del Derecho aplicable al contrato conduzca a un sistema legal distinto al del foro y, en consecuencia, el riesgo de no aplicar la normativa uniforme".

46 UK Cogsa, 1971, artículo 1, sección 2: "The provisions of the Rules, as set out in the Schedule to this Act, shall have the force of law".

único factor de conexión entre el convenio y el contrato de transporte marítimo.

Por lo tanto, para los países que hayan ratificado las RHV, ante la existencia de una cláusula Paramount en un conocimiento de embarque, no será necesario que el juez acuda a sus propias normas de conflicto para determinar si es válida tal elección del régimen legal aplicable al contrato, en la medida en que el convenio mismo prevé expresamente a la cláusula Paramount como un mecanismo para su aplicación directa.

Ahora bien, respecto de los países que no han ratificado ni las Reglas de La Haya ni las Reglas de La Haya-Visby, todo dependerá de sus propias normas de conflicto[47]. Si ellas reconocen la validez de la autonomía privada para elegir la normativa especial que debe regir sus relaciones contractuales, cuando se trate de un contrato internacional como el de transporte marítimo de cosas, entonces la inserción de una cláusula Paramount que prevea la aplicación de las Reglas de La Haya-Visby tendrá el mismo efecto que en aquellos países que ratificaron el Protocolo de Visby de 1968; es decir, la incorporación de las RHV en tal caso se deberá hacer reconociendo el efecto imperativo y prevalente del convenio sobre las cláusulas del conocimiento de embarque. Por el contrario, si la norma de conflicto no reconoce la autonomía privada como criterio válido para escoger el régimen normativo aplicable al contrato, entonces la incorporación de las RHV deberá tener únicamente efectos contractuales, y no imperativos, como ocurre en el

47 Como afirma Álvarez Rubio, Juan J.: "En todo caso, no debe olvidarse que un Estado que no es Parte en el Convenio ni en el Protocolo no tiene obligación de aplicarlo, y acudirá simplemente al ordenamiento jurídico que resulte competente conforme a su sistema de Derecho Internacional Privado"; *op. cit.*, p. 48.

contexto de las Reglas de La Haya; ello implica que, en tal evento, el convenio como un todo será considerado como una cláusula más del contrato, cuyas contradicciones con otras cláusulas del conocimiento de embarque deberán resolverse conforme a las normas de interpretación de los contratos propias del derecho aplicable (*lex contractus*).

b. Obligaciones del remitente

El remitente también es denominado "cargador" en las RHV. Este convenio no tiene un título especial destinado a regular las obligaciones y las responsabilidades del cargador. Sin embargo, en varias de sus disposiciones se establecen obligaciones del cargador, en forma parcial y sin orden ni metodología que faciliten su aplicación. En cuanto a la responsabilidad del cargador, las RHV parten de un supuesto general de responsabilidad consagrado en el artículo 4.3, fundamentado en la culpa o negligencia del cargador, sus agentes o representantes; es decir, un régimen de responsabilidad subjetiva. Posteriormente, en el artículo 4.6, establece un régimen de responsabilidad objetiva del cargador por los daños causados al transportador por el embarque no consentido de mercancías peligrosas.

Las obligaciones del cargador son (i) entregar al transportador una declaración escrita sobre las marcas, el número, la cantidad y el peso de las mercancías, y garantizar su exactitud (art. 3.5); y (ii) abstenerse de embarcar mercancías peligrosas a bordo de la nave, sin dar aviso al transportador de tal característica de la carga y obtener el consentimiento del transportador sobre su embarque (art. 4.6).

c. Obligaciones del transportador

En el régimen de las RHV se clasifican las obligaciones del transportador en obligaciones relativas a la nave y obligaciones relativas a la carga.

En cuanto a la nave, el transportador está obligado a ejercer debida diligencia, antes y al comienzo del viaje, para poner el buque en estado de navegabilidad (obligación de navegabilidad). Respecto de esta obligación, las Reglas de La Haya-Visby en su artículo 3.1 dicen:

> El porteador, antes y al comienzo del viaje, estará obligado a ejercer una diligencia razonable para:
>
> - Poner al buque en estado de navegar;
>
> - Armar, equipar y aprovisionar el buque convenientemente;
>
> [...].

En cuanto a la carga, el transportador está obligado a proceder, en el tiempo estipulado o en el usual y de manera apropiada y cuidadosa, a la carga, conservación, estiba, transporte, custodia, cuidado y descarga de las mercancías transportadas.

El artículo III, Regla 2 de las RHV dice: "El porteador, bajo la reserva de las disposiciones del artículo 4, procederá de manera apropiada y cuidadosa a la carga, conservación, estiba, transporte, custodia, cuidado y descarga de las mercancías transportadas".

Así mismo, bajo las RHV el transportador no está especialmente obligado a entregar las mercancías al consignatario en el puerto de destino, sino solamente a descargarlas del buque (art. 3.2 RHV). El transportador está, entonces, en libertad de pactar con el cargador lo relativo a su obligación de entregar las mercancías, lo cual constituye una considerable desventaja de este régimen para los intereses de la carga (art. 3.6 RHV), pues la solución para los conflictos relativos al acto de entrega de las mercancías queda sujeta a las cláusulas del conocimiento de embarque y/o a las normas correspondientes a la ley aplicable al contrato, conforme a la cláusula Paramount[48] y las normas de conflicto del país en el que se resuelva la controversia.

d. Responsabilidad del transportador

El régimen de las Reglas de La Haya-Visby se caracteriza por consagrar un período de responsabilidad restringido, bajo el principio conocido como responsabilidad de "pluma a pluma" ("tackle to tackle").

Estas reglas, en el artículo 1.e, delimitan el período de responsabilidad del transportador marítimo, al decir: "'Transporte de mercancías' comprende el tiempo transcurrido desde la carga de las mercancías a bordo del buque hasta su descarga del buque".

Esta norma, junto con el artículo 7.º, que permite a las partes celebrar pactos accesorios al contrato de transporte para regular la responsabilidad del transportador por los daños causados a las mercancías durante las operaciones previas al cargue y posteriores al descargue, permite establecer que el período que cubre la responsabilidad del transportador derivada del contrato va desde el momento en que las mercaderías son cargadas a bordo del buque hasta cuando son descargadas de este.

---

48 Cláusula mediante la cual se establece la ley aplicable al contrato.

Es la regla mejor conocida como de "pluma a pluma" ("tackle to tackle"), que significa que el transportador es responsable desde cuando la grúa o pluma de su nave coge la mercancía para llevarla a bordo, hasta cuando la misma pluma suelta la mercancía en el puerto de destino después de descargada. La regla descrita fue elaborada cuando las operaciones de cargue y descargue se efectuaban principalmente mediante las grúas (plumas) del propio buque. Actualmente la tendencia es la contraria, es decir, normalmente las operaciones de cargue y descargue se realizan mediante las grúas del puerto y muchos buques, especialmente los portacontenedores, carecen de grúas. Esta circunstancia, sin embargo, no altera el período de responsabilidad del transportador marítimo, el cual, en todo caso, inicia con el cargue y termina con el descargue, aunque genera diferentes interpretaciones sobre el alcance de su período de responsabilidad.

Este período de responsabilidad "pluma a pluma" no significa que el transportador marítimo no sea responsable por los daños que cause a las mercancías antes del cargue y después del descargue, sino que respecto de estos daños su responsabilidad no está regulada por el régimen de las Reglas de La Haya-Visby. En efecto, si el transportador recibe la mercancía días antes de su embarque se entenderá que responde conforme a las estipulaciones del contrato de transporte, las cuales, en este aspecto, no están sometidas al régimen imperativo de las RHV, sino a lo que hayan estipulado las partes al respecto en el respectivo contrato de transporte (generalmente, las cláusulas del conocimiento de embarque). Y a falta de estipulaciones sobre el tema, entonces la responsabilidad del transportador deberá ser determinada con base en la ley aplicable al contrato. Por lo general, el transportador respondería por las mercancías a título de depositario, pues el primer acto ejecutivo del contrato de transporte es el cargue de las mercancías, desde cuando responde por ellas como transportador conforme a las RHV. Muchos RHV al período antes del cargue y después del descargue, con el fin de evitar la aplicación de leyes aplicables en el puerto que puedan no consagrar beneficios tales como las exoneraciones de responsabilidad y los límites indemnizatorios de las Reglas[49]. Si bien otros conocimientos de embarque contemplan una exclusión total de responsabilidad del transportador por los daños ocurridos a las mercancías antes del cargue y después del descargue, dichas estipulaciones pueden verse enfrentadas a cuestionamientos sobre su validez en diferentes jurisdicciones.

El régimen de responsabilidad del transportador marítimo de mercancías contenido en las RHV es *sui géneris*, en la medida en que está inspirado en instituciones jurídicas del derecho anglosajón, basadas en el régimen del *common law*, pero conservando las particularidades propias del derecho marítimo. Estas características hacen difícil analizar la responsabilidad del transportador marítimo a la luz de las instituciones propias del derecho romano-germánico.

No existe en el sistema de las RHV un principio de responsabilidad del transportador. Por el contrario, este convenio consagra un régimen de responsabilidad con un complejo sistema de traslado de la carga de la prueba y la combinación de dos estándares de exoneración de responsabilidad, uno basado en la prueba de la debida diligencia antes y al comienzo del viaje para poner el buque en estado de navegabilidad, y otro basado en las

---

49 Sobre la aplicación extensiva de las Reglas de La Haya-Visby por acuerdo entre las partes, ver TETLEY, WILLIAM, *op. cit.*, p. 14.

causales exonerativas del artículo 4.2. A continuación explicamos brevemente el sistema:

1. El cargador o destinatario demandantes deben establecer un caso *prima facie*, esto es, demostrar la existencia del contrato de transporte, el estado en que las mercancías fueron entregadas al transportador, y el mal estado en que estas fueron posteriormente entregadas al destinatario, o bien el hecho del faltante o la falta total de entrega.

2. Si el demandante aporta una prueba, siquiera sumaria, de que el estado de innavegabilidad del buque fue la causa determinante, o bien una causa concurrente, del daño o pérdida de las mercancías, entonces el transportador no puede acudir a las causales exonerativas de responsabilidad establecidas en el artículo 4.2 de las RHV; su único medio de defensa, entonces, es el previsto en el artículo 4.1 de las Reglas, es decir, la prueba de la debida diligencia, antes y al comienzo del viaje, para poner el buque en estado de navegabilidad. No se trata, sin embargo, de una prueba simple de ausencia de culpa, entendiendo por esta la que se acredita en forma abstracta, sin referencia a los hechos determinantes del daño. Por el contrario, la prueba de debida diligencia que exige el artículo 4.1 de las RHV es una prueba específicamente relacionada con el hecho que constituyó la innavegabilidad del buque; es decir, que si la causa del daño o pérdida de las mercancías fue la innavegabilidad del buque, el transportador solamente puede exonerarse demostrando su debida diligencia, antes y al comienzo del viaje, para evitar que el buque zarpara con el defecto específico que lo tornó en innavegable.

3. Si el demandante no aporta ninguna prueba, siquiera sumaria, de que la causa del daño fue el estado de innavegabilidad del buque, el transportador, entonces, puede defenderse acudiendo a cualquiera de las causales de responsabilidad previstas en el artículo 4.2 de las RHV.

Para acreditar la existencia de las causales a) – p) de dicho artículo, el transportador únicamente debe aportar una prueba de causalidad, es decir, que el hecho previsto como exoneratorio fue el causante del daño o pérdida de las mercancías; no es necesario, entonces, que acredite su ausencia de culpa, o su debida diligencia, respecto de la ocurrencia del hecho exoneratorio que causó el daño o pérdida (prueba de no imputabilidad).

4. En caso que el hecho causante del daño no pueda ser configurado dentro del supuesto de hecho de ninguna de las causales exonerativas de responsabilidad previstas en los literales a) a p) del artículo 4.2 de las RHV, entonces el transportador puede exonerarse de responsabilidad acudiendo a la causal genérica contemplada en el literal q) del mismo artículo 4.2 de las Reglas, según el cual, el transportador marítimo también puede exonerarse si demuestra que el daño o la pérdida se originaron en "cualquier otra causa que no provenga de un acto o de culpa del transportador o de un acto o de culpa de los agentes o empleados del transportador, pero la carga de la prueba recaerá sobre la persona que reclame el beneficio de esta excepción, quien deberá comprobar que ni la culpa personal ni el acto del transportador ni la culpa personal ni el acto de los agentes o empleados del transportador han contribuido a la pérdida o al daño". Es preciso destacar que esta causal, a diferencia de las demás contempladas en el artículo 4.2, literales a) – p) de las RHV, exige que el transportador aporte, además de la prueba de causalidad, la prueba de ausencia de culpa respecto del hecho invocado como causante del daño (prueba de no imputabilidad).

5. Entonces, se traslada nuevamente la carga de la prueba al demandante, quien para desvirtuar la defensa del transportador puede demostrar la existencia de culpa por parte del transportador respecto del hecho alegado

como causal exoneratoria. De igual manera, el demandante puede demostrar que fue el estado de innavegabilidad del buque la causa que determinó, o bien que contribuyó, a la ocurrencia del daño o pérdida de las mercancías, caso en el cual, a pesar de la existencia de la causal exonerativa alegada, el transportador únicamente puede exonerarse mediante el medio de defensa previsto en el artículo 4.1 de las RHV, es decir, mediante la prueba de la diligencia, antes y al comienzo del viaje, para hacer el buque navegable.

El artículo 4.2 de las RHV consagra las causales exonerativas de responsabilidad del transportador marítimo, en un listado de 16 causales específicas y una causal genérica. El texto de dicha norma es:

> 2. Ni el porteador ni el buque serán responsables por pérdida o daño que resulten o provengan de:
>
> a. Acto, negligencia o falta del capitán, marinero, piloto o dependientes del porteador en la navegación o en la administración del buque.
>
> b. Incendio, a menos que haya sido ocasionado por falta o culpa del porteador.
>
> c. Peligros, daños o accidentes de mar o de otras aguas navegables.
>
> d. Acto de Dios.
>
> e. Actos de guerra.
>
> f. Actos de enemigos públicos.
>
> g. Embargo o detención príncipes, soberanos o pueblos, o de un embargo judicial.
>
> h. Restricción por cuarentena.

i. Acto u omisión del cargador o propietario de las mercancías o de su agente o representante.

j. Huelgas o *lock-outs*, de paros o de trabas impuestos total o parcialmente al trabajo, por cualquier causa que sea.

k. Motines o perturbaciones civiles.

l. Salvamento o tentativa de salvamento de vidas o bienes en el mar.

m. Disminución en volumen o peso, o de cualquiera otra pérdida o daño resultantes de defecto inherente, calidad o vicio propio de las mercancías.

n. Embalaje insuficiente.

o. Insuficiencia o imperfección de marcas

p. Vicios ocultos que escapen a una diligencia razonable.

q. Cualquier otra causa que no proceda de falta o culpa del porteador, o de falta o culpa de gentes o dependientes del porteador, pero la carga de la prueba será a la persona que reclame el beneficio de esta excepción, y a ella corresponderá demostrar que la pérdida o daño no han sido producidos por falta o culpa del porteador, ni por falta o culpa de los agentes o dependientes del porteador.

Si la innavegabilidad no ha sido alegada, ni demostrada, como causa del daño, el transportador podrá entonces acudir directamente a las causales exonerativas de responsabilidad, mediante la prueba de que el daño fue causado por alguno de los hechos enumerados en el artículo 4.2 (literales a-p) de las RHV, según el caso (prueba de causalidad). Algunas de estas causales[50] exigen que, adi-

50 Peligros, daños o accidentes del mar o de otras aguas navegables (art. 4.2

cionalmente, se pruebe que el hecho no es imputable a la conducta del transportador (prueba de no imputabilidad).

El sistema de casos exceptuados, o causales exonerativas de la responsabilidad, exige que el transportador demuestre que el daño fue causado por uno de los hechos enumerados en el artículo 4.2 de las RHV; es decir, una prueba de causalidad. A diferencia del funcionamiento general de la exoneración mediante causa extraña, el transportador marítimo, en principio, no está obligado a aportar la prueba de no imputabilidad del hecho dañino, lo cual constituye otra importante diferencia con el régimen general de responsabilidad contractual.

Sin embargo, algunas de estas causales exonerativas del transportador marítimo, por su propia naturaleza, exigen la prueba de que el hecho no fue originado por culpa anterior del transportador, o no fue agravado por culpa posterior a su ocurrencia, es decir, la prueba de no imputabilidad. En estos casos, esta prueba debe ser aportada por el transportador al alegar la causal. Estas causales son, fundamentalmente, los peligros, daños o accidentes del mar o de otras aguas navegables (art. 4.2 (c), RHV), el vicio propio o naturaleza especial de la carga (art. 4.2 (m) RHV) y el vicio oculto de la nave (art. 4.2 (p) RHV).

Si ninguna de las causales exonerativas del artículo 4.2 de las RHV resulta apropiada, el transportador podrá probar que el daño fue causado por cualquier otro hecho no enumerado en dichas normas, siempre que demuestre que no es imputable a su conducta (prueba de causalidad y prueba de no imputabilidad). Esta posibilidad está

(c), Reglas de La Haya-Visby), el vicio propio o naturaleza especial de la carga (art. 4.2 (m), Reglas de La Haya-Visby) y el vicio oculto de la nave (art. 4.2 (p), Reglas de La Haya-Visby).

expresamente consagrada en el artículo 4.2, literal q), de las RHV.

Las causales exonerativas de responsabilidad de las RHV que han sido más criticadas son la de "acto, negligencia o falta del capitán, marinero, piloto o dependientes del porteador en la navegación o en la administración del buque" (art. 4.2.a) y la de "incendio, a menos que haya sido ocasionado por falta o culpa del porteador" (art. 4.2.b).

La razón es que dichas causales implican que el transportador marítimo no se hace responsable por los hechos, o mejor, por los errores y las culpas de sus empleados y dependientes, lo cual constituye una importante y significativa excepción al régimen general de responsabilidad en prácticamente todos los regímenes legales del mundo.

e. Límites indemnizatorios

Las Reglas de La Haya-Visby, tal como fueron modificadas por el Protocolo de 1979 (Protocolo SDR), establecen los siguientes límites indemnizatorios de la responsabilidad del transportador por daño o pérdida de las mercancías transportadas:

- 666,66 DEG por bulto o unidad
- 2 DEG por kilogramo de peso bruto

Se aplica el límite que resulte mayor.

Las Reglas de La Haya-Visby (Protocolo de Bruselas de 1968, art. 2.c) establecen que cuando la mercancía se haya agrupado en un contenedor, paleta o dispositivo similar, todo bulto o unidad declarado en el conocimiento como embalado en tal instrumento será considerado como bulto o unidad de carga para efectos de calcular la limitación. En caso contrario, todo el contenedor o dispositivo será considerado como un solo bulto o unidad de carga.

Estos límites se aplican a las acciones fundadas en responsabilidad contractual o extracontractual (art. 4 bis.1 RHV).

Las Reglas de La Haya-Visby (art. 4 bis, correspondientes al art. 3.2 del Protocolo de Bruselas de 1968) establecen que cuando se dirija demanda contra empleados o agentes del transportador, ellos se podrán beneficiar de los límites de responsabilidad consagrados para este, caso en el cual el monto total, pagado por transportador, empleados y agentes, no podrá exceder el máximo establecido como límite.

Bajo el régimen de las RHV no está prevista responsabilidad del transportador, y mucho menos su limitación, por retrasos en la entrega de los bienes transportados.

El transportador pierde el derecho a invocar los límites indemnizatorios de su responsabilidad si se prueba que el daño o la pérdida se debió a una acción u omisión personal suya que tuvo lugar bien con la intención de provocar el daño o la pérdida, o bien en forma temeraria y a sabiendas de que probablemente se produciría el perjuicio (art. 4.5 (e) RHV).

f. Prescripción de la acción

El artículo 3.6 de las RHV establece un plazo de prescripción de un año para las acciones derivadas del daño o pérdida de las mercancías objeto del contrato de transporte, contado a partir de la fecha en que fueron entregadas o en que debieron haber sido entregadas.

2. *Las Reglas de Hamburgo*

La Convención de las Naciones Unidas sobre el transporte marítimo de mercancías de 1978, más conocida como

Reglas de Hamburgo, tiene un ámbito de aplicación más amplio, pues no depende de la expedición de un conocimiento de embarque, ni se restringe a los contratos de transporte que se originen en un puerto de un país que sea parte del convenio, sino que se aplica a todos los contratos de transporte en los que el puerto de embarque o el puerto de desembarque se encuentren en un país que haya ratificado el convenio. Además, también se aplica a los contratos evidenciados en un conocimiento de embarque que contenga una cláusula previendo la aplicación de las RHb.

Así se desprende del artículo 2, numeral 1, que dice:

> 1. Las disposiciones del presente Convenio se aplicarán a todos los contratos de transporte marítimo entre dos Estados diferentes, siempre que:
>
> a) El puerto de carga previsto en el contrato de transporte marítimo esté situado en un Estado Contratante; o
>
> b) El puerto de descarga previsto en el contrato de transporte marítimo esté situado en un Estado Contratante; o
>
> c) Uno de los puertos facultativos de descarga previstos en el contrato de transporte marítimo sea el puerto efectivo de descarga y ese puerto esté situado en un Estado Contratante; o
>
> d) El conocimiento de embarque u otro documento que haga prueba del contrato de transporte marítimo se emita en un Estado Contratante; o
>
> e) El conocimiento de embarque u otro documento que haga prueba del contrato de transporte marítimo estipule que el contrato se regirá por las disposiciones del presente Convenio o por la legislación de un Estado que dé efecto a esas disposiciones.

Las RHb consagran un régimen de responsabilidad del transportador marítimo de mercancías sustancialmente distinto al de las RHV. Las RHb constituyen un régimen basado en la enunciación de un principio general de responsabilidad y sin enumerar los hechos específicos cuya ocurrencia libera al transportador de responsabilidad. Las RHb obtuvieron el 1.° de noviembre de 1991 el número de ratificaciones necesarias para obtener vigencia internacional, la cual, según su texto, se produciría un año después de obtenidas estas ratificaciones, es decir, a partir del 1.° de noviembre de 1992.

Las RHb adoptan, en el ámbito de la responsabilidad contractual, el principio de la culpa presunta del transportador cuando quiera que las mercancías no se hayan entregado en el puerto de destino o se hayan entregado averiadas o tardíamente. Su artículo 5 dice:

> 1. El porteador será responsable de los perjuicios resultantes de la pérdida o el daño de las mercancías, así como del retraso en la entrega, si el hecho que ha causado la pérdida, el daño o el retraso se produjo cuando las mercancías estaban bajo su custodia en el sentido del artículo 4o. a menos que pruebe que él, sus empleados o agentes adoptaron todas las medidas que razonablemente podían exigirse para evitar el hecho y sus consecuencias.

Y el acuerdo de común entendimiento agregado al final del texto del convenio expresa:

> Queda entendido o acordado que la responsabilidad del naviero bajo este Convenio, se basa en el principio de culpa presunta o negligencia. Ello quiere decir que, como regla general, la carga de la prueba recae sobre el naviero; pero con respecto a ciertos casos las normas de este Convenio modifican la regla anterior.

Para desvirtuar la presunción de culpa en su contra, el transportador deberá demostrar que él o sus dependientes adoptaron las medidas que razonablemente podían exigirse para evitar el hecho y sus consecuencias.

Como lo anota un autorizado tratadista[51], aunque uno de los principales objetivos de las Reglas de Hamburgo fue procurar uniformidad en el régimen de responsabilidad del transportador marítimo de cosas, en realidad la redacción de este principio de responsabilidad queda abierta a la interpretación que de su texto hagan los tribunales de cada país. Al respecto, surgen varias preguntas.

Por ejemplo, en caso de que el daño se haya originado en la innavegabilidad de la nave, ¿será suficiente prueba de haber adoptado "las medidas que razonablemente podían exigirse para evitar el hecho y sus consecuencias", el hecho de haber contratado a una reconocida empresa de reparación y mantenimiento de buques, uno de cuyos empleados cometió un error? ¿O, por el contrario, se aplicará el criterio imperante bajo las Reglas de La Haya-Visby en el sentido que esta prueba no acredita la debida diligencia del transportador, quien debe entonces responder frente al cargador reclamante y luego demandar en acción de repetición a su subcontratista?

Otro interrogante que surge es acerca de la necesidad de identificar la causa inmediata del daño, para superar la prueba de haber adoptado "las medidas que razonablemente podían exigirse para evitar el hecho y sus consecuencias". ¿Podrá el transportador exonerarse de responsabilidad cuando la causa inmediata del daño permanece desconocida?

---

51 Wilson, John. *Carriage of Goods by Sea*, 4th edition, Longman, Essex, 2001, p. 225.

A mi juicio, el sistema de responsabilidad de las Reglas de Hamburgo exige al transportador marítimo identificar la causa del daño, por cuanto es imposible probar que se tomaron tales medidas si no se ha establecido cuál era el hecho que se quería evitar o cuyas consecuencias se querían atenuar.

Como lo anuncia el acuerdo de común entendimiento, existen "ciertos casos" en los cuales no opera el principio del artículo 5.1. Tales casos son el incendio y la carga peligrosa.

Cuando el daño se ha originado en un incendio a bordo, la culpa del transportador no se presume, sino que debe ser probada por el demandante. Así lo consagra expresamente el artículo 5.4.a cuando exige que el demandante pruebe que el incendio "se produjo por culpa o negligencia del porteador, sus empleados o agentes", para que se establezca la responsabilidad. Igual prueba exige cuando el daño o retraso en la entrega se deba a que no se tomaron las medidas razonables para apagar el incendio y evitar o mitigar sus consecuencias.

En el evento que el daño o el retraso se hayan producido respecto de carga transportada sobre cubierta sin acuerdo previo con el remitente (art. 9), el transportador será responsable de la pérdida o el daño de las mercancías, así como del retraso en la entrega, que provengan únicamente del transporte sobre cubierta. Sin embargo, aun en este caso el transportador puede acudir a la limitación de la responsabilidad conforme a los artículos 6 y 8 de las reglas.

En síntesis, las RHb someten la responsabilidad del transportador marítimo de mercancías al régimen de responsabilidad contractual del derecho común sin tener en cuenta el particularismo de los riesgos del mar. Sin embargo, a pesar de no enumerar causales de exoneración, serían aplicables las contempladas en las Reglas de La

Haya-Visby, a excepción de la culpa náutica y del concepto de exoneración de responsabilidad por daños derivados de la innavegabilidad del buque.

3. *Análisis comparativo de los tres convenios*[52]

En este acápite me propongo hacer una comparación entre los mencionados convenios internacionales, con el fin de aportar algunos criterios para adoptar una decisión sobre cuál es el más apropiado para un determinado país. No obstante, desde ahora anticipo que, a mi juicio, el mejor de los convenios citados es las Reglas de Rotterdam, por lo que mi recomendación es que Colombia, y cualquier país, las ratifique.

Para efectos de este análisis comparativo, en adelante me referiré a estos convenios por su nombre, o bien mediante las siguientes siglas:

- Reglas de La Haya (RH)
- Reglas de La Haya-Visby (RHV)
- Reglas de Hamburgo (RHb)
- Reglas de Rotterdam (RR)

Hay múltiples aspectos susceptibles de comparación entre los regímenes internacionales mencionados, y no será posible cubrirlos todos en detalle, pero, para efectos de este escrito, me referiré a los siguientes:

- Ámbito de aplicación general
- Ámbito de aplicación geográfica

---

52 Este análisis comparativo se fundamentó en un trabajo realizado por el autor para el Instituto Iberoamericano de Derecho Marítimo, denominado Las Reglas de Rotterdam - Elementos para analizar la conveniencia o inconveniencia de su ratificación en Latinoamérica; José Vicente Guzmán, publicado en la *Revista del Ateneo del Transporte* n.º 54, pp. 28 a 54, octubre de 2010; Buenos Aires, Argentina.

- Contratos a los que se aplican las reglas
- Identidad del transportador, parte ejecutante y parte ejecutante marítima
- Documentos de transporte
- Derechos de control sobre las mercancías
- Carga sobre cubierta
- Obligaciones del transportador
- Entrega de las mercancías
- Aviso de daño de las mercancías
- Período de responsabilidad del transportador
- Responsabilidad del transportador
- Carga de la prueba
- Responsabilidad por demora en la entrega de las mercancías
- Límites indemnizatorios del transportador
- Pérdida del derecho a los límites indemnizatorios del transportador
- Obligaciones y responsabilidad del cargador
- Jurisdicción
- Arbitraje
- Prescripción de la acción
- Contratos de volumen

a. Ámbito de aplicación general

Las RR prevén un ámbito de aplicación que, al mismo tiempo, puede calificarse como ambicioso y limitado. Ambicioso, en la medida en que rebasa las fronteras del transporte marítimo que tradicionalmente han cubierto los convenios a los que pretende reemplazar (RH, RHV y RHb), para extenderse al transporte multimodal; pero limitado porque, en lugar de abarcar todas las formas de multimodalismo, excluye los transportes que combinan modos diferentes al marítimo. Es por eso que esta nueva convención, más que un régimen multimodal –que en todo caso lo es–, ha sido calificada como un régimen "marítimo-plus"; es decir, que únicamente regula el transporte multimodal internacional que comprende un trayecto marítimo, este también internacional.

Las disposiciones principales que señalan el ámbito de aplicación de la nueva convención se encuentran en los artículos 5, 6 y 7 (Capítulo 2.º); no obstante, otros artículos de las RR deben tenerse en cuenta, tales como el 1.º (Definiciones), el 4º (Aplicación de exoneraciones y límites a otras partes), el 19 y el 20 (Responsabilidad de la parte ejecutante marítima), el 26 (Aplicación de otros convenios e instrumentos internacionales para determinar la responsabilidad por daños, pérdida o retraso localizados en un segmento del transporte), el 82 (Aplicación de otros convenios internacionales sobre transporte internacional frente a las RR) y el 85 (No aplicación al transporte de pasajeros y su equipaje).

En otras palabras, las RR no solo se aplican al contrato de transporte marítimo internacional, sino también al contrato de transporte multimodal internacional que contemple un trayecto marítimo internacional.

En la medida en que no existe un convenio internacional vigente, de aplicación universal, que regule el transporte multimodal, entonces en la práctica las RR se convertirán en el convenio aplicable al transporte multimodal internacional.

No obstante, como estas nuevas reglas excluyen de su ámbito de aplicación al transporte multimodal que no incluya un trayecto marítimo internacional, se deja por fuera de su régimen a todos los contratos de transporte multimodal internacional que combinen los modos de transporte aéreo, carretero, ferroviario, fluvial o lacustre y marítimo de cabotaje.

Esta exclusión ha generado una de las más frecuentes críticas a las RR, en la medida en que por causa de ella no sería posible la unificación de las normas aplicables a los contratos de transporte multimodal, sino que necesariamente se habría de distinguir entre las operaciones multimodales que contemplen un trayecto marítimo internacional y aquellas que no lo hagan.

Parece evidente del texto del artículo 82, sin embargo, que la intención de las RR es respetar el ámbito de aplicación de otros convenios internacionales sobre transporte de mercancías, tales como el Convenio de Montreal de 1999 (transporte aéreo internacional[53]) el convenio CMR (transporte carretero internacional en Europa) y el convenio CIM-Cotif (transporte ferroviario internacional en Europa[54]). Todos ellos contienen disposiciones que, de uno u otro modo, regulan la combinación de modos de transporte, aunque de ninguno puede predicarse, realmente, una aproximación precisa al concepto de transporte multimodal acuñado en la Convención de Ginebra sobre Transporte Multimodal de 1980 o en las Reglas Unctad/ICC de 1992.

Quizá la intención de sus redactores era permitir la aplicación de las normas de dichos otros convenios a todas las operaciones de transporte multimodal internacional que no contemplaran un trayecto marítimo internacional, procurando hacer compatibles sus disposiciones con las de otros convenios de extensiva aplicación, como los mencionados, de modo tal que la ratificación de las RR no se viera afectada por potenciales conflictos con dichos otros convenios.

---

53 O bien el Régimen de Varsovia (Convenio de Varsovia de 1929 y el Protocolo de La Haya de 1955), para aquellos países en los cuales aún está vigente.

54 *Cfr.* Berlingieri, Francesco. Carrier's Obligations and Liabilities, *CMI Yearbook 2007–2008*, p. 28.

Al entrar en vigencia las RR, a mi juicio, no habría situaciones frecuentes de incompatibilidad con la aplicación de estos convenios, lo cual facilita su proceso de ratificación.

Respecto de la legislación de la Comunidad Andina (aplicable en Bolivia, Colombia, Ecuador y Perú), las RR serían compatibles con la Decisión 399 que regula el transporte internacional de mercancías por carretera.

Pero serían parcialmente incompatibles con la Decisión 331 (modificada por la Decisión 393) sobre transporte multimodal internacional, cuya aplicación se vería limitada a las operaciones de transporte multimodal que no comprendan un trayecto marítimo internacional.

Por lo tanto, si Colombia ratifica las RR, estas serán el régimen imperativo aplicable a los contratos de transporte multimodal internacional que tengan como sitio de origen, o como sitio de destino, o como puerto intermedio, un lugar ubicado en su territorio, caso en el cual desplazarían el régimen andino (Decisiones 331 y 393 de la CAN); este permanecería aplicable a los contratos de transporte multimodal internacional que no contemplen un trayecto marítimo internacional.

No obstante, el régimen de responsabilidad de las RR es similar al consagrado en el Régimen Andino de Transporte Multimodal, tras la modificación introducida por la Decisión 393, toda vez que esta eliminó las causales de exoneración de responsabilidad de culpa náutica, incendio y debida diligencia para hacer el buque navegable (cuando el daño/pérdida/retraso es causado por dicha innavegabilidad); así mismo, los límites indemnizatorios cuando hay un trayecto marítimo son inferiores a los previstos en las RR.

Es recomendable tener en cuenta que el contrato de transporte multimodal es, esencialmente, internacional, y por ende, resulta deseable que esté regulado por un instrumento normativo de amplio alcance internacional; una legislación estrictamente nacional, a mi juicio, no bastaría, pues se vería desplazada en virtud de las disposiciones sobre Jurisdicción y Arbitraje de las RR, conforme a las cuales otro país que las haya ratificado puede válidamente convocar a su jurisdicción, o a arbitraje, a una de las partes de un contrato de transporte multimodal internacional (con trayecto marítimo internacional), aunque dicha parte esté domiciliada en un país que no haya ratificado las RR.

b. Ámbito de aplicación geográfica

Los convenios que preceden a las RR, actualmente en vigencia, determinan su aplicación con base en uno o varios de los siguientes criterios:

1. Criterio documental: existencia de un documento de transporte, particularmente de un conocimiento de embarque o documento similar (RH y RHV).
2. Criterio contractual: existencia de un contrato de transporte, más que de un documento de transporte (RHb).
3. Criterio geográfico: embarque, desembarque o expedición del documento de transporte en un país que haya ratificado el convenio (RH, RHV y RHb).
4. Criterio consensual: elección de las partes mediante cláusula Paramount (RHV y RHb).
5. Criterio comercial: Aplicación al tráfico de líneas regulares, por oposición al tráfico ocasional o "tramp services" (RH, RHV y RHb).

Las RR adoptaron una combinación de los anteriores criterios, excluyendo el criterio consensual, para definir su ámbito de aplicación; en sus artículos 5.º y 6.º el nuevo convenio señala que se aplicará a todo contrato de transporte en el que el lugar de la recepción y el lugar de la entrega de las mercancías estén situados en Estados diferentes, y en el que el puerto de carga y el puerto de descarga de ese mismo transporte estén situados en Estados diferentes, siempre que conforme a la ruta estipulada por las partes alguno de los siguientes lugares se encuentre ubicado en un Estado contratante del convenio:

- El lugar de recepción.
- El puerto de carga.
- El puerto de descarga.
- El lugar de entrega.

De este modo, las RR abandonan el uso de un conocimiento de embarque, u otro documento similar que sirva de título representativo de las mercancías, como el factor que determina su aplicación, tal cual originalmente lo contemplaron las RH y lo mantuvieron las RHV, para migrar hacia la existencia de un contrato de transporte internacional de mercancías, como el criterio básico para la aplicabilidad del nuevo régimen, siguiendo en este aspecto el enfoque que había sido adoptado por las RHb.

Con ello, las RR pretenden ampliar su ámbito de aplicación, y reducen las posibilidades de que el transportador procure excluir la obligatoriedad del régimen. Bajo las RH, por ejemplo, bastaba con que no se expidiera un conocimiento de embarque (u otro documento negociable), para que ellas no resultaran imperativamente aplicables, caso en el cual se podrían incluir exoneraciones de responsabilidad mayores o límites menores a los de las reglas. Y respecto de las RHV, si el transporte se originaba en un país no ratificante del convenio, pero tenía como destino un país miembro, las reglas no resultaban aplicables, perdiendo de ese modo la protección que el régimen imperativo pretendía brindar a la parte débil del contrato.

Con la inclusión del lugar de recepción y del lugar de entrega de las mercancías como factores que determinan la aplicación obligatoria de las RR, se asegura su imperatividad respecto de los contratos de transporte multimodal que entran dentro de su ámbito de aplicación general ya explicado.

Por lo tanto, al no depender la aplicación de las RR de la expedición de un conocimiento de embarque (u otro documento negociable), y al aumentar los factores geográficos de aplicación, se disminuyen las posibilidades de excluir la aplicación imperativa del convenio, lo cual representa un avance hacia la unificación de la regulación sobre el contrato de transporte, y de la protección que el régimen pretende dar a la "parte débil" del contrato (intereses de la carga), de manera mucho más eficaz que los convenios vigentes (RH, RHV, RHb).

En consecuencia, desde el punto de vista del ámbito de aplicación, las RR representan una evidente ventaja respecto de los otros convenios existentes sobre la materia.

c. Contratos a los que se aplican las reglas: aplicación a contratos de transporte internacional de mercancías, tanto marítimos como multimodales

No obstante, el criterio contractual es mucho más amplio en las RR, al verificar que su artículo 1.1 define al contrato de transporte como "todo contrato en virtud del cual un porteador se comprometa, a cambio del pago de un flete, a transportar mercancías de un lugar a otro. Dicho contrato deberá prever el transporte marítimo de las mercancías y podrá prever, además, su transporte por otros modos".

Al combinar esta definición del artículo 1.1 con la delimitación de la aplicación del convenio prevista en su artículo 5.º, tenemos que las RR basan su aplicación en la existencia de un contrato de transporte de mercancías que reúna las siguientes características:

• Que sea internacional, es decir, que el lugar de recepción y el de entrega de las mercancías estén ubicados en distintos países, siempre que:

– Contemple únicamente un trayecto marítimo internacional, es decir, que el puerto de carga y el puerto de descarga estén ubicados en distintos países.

– O contemple trayectos por varios modos de transporte, siempre que prevea un trayecto marítimo internacional.

Este contrato estará regulado por la nueva convención cuando el lugar de recepción, el puerto de carga, el puerto de descarga, o el lugar de entrega de las mercancías, estén ubicados en un Estado contratante del convenio.

Por lo tanto, las RR no solo se aplican al contrato de transporte marítimo, sino a los contratos de transporte multimodal con un trayecto marítimo (internacional); adicionalmente, resultan aplicables a los contratos de transporte celebrados con *freight forwarders* y operadores logísticos (con salvedad de la discusión existente sobre si estos son o no son transportadores, la cual queda a criterio de la legislación, doctrina o jurisprudencia de cada país); también se aplican a los puertos y operadores portuarios, cuando el evento dañino de la carga haya ocurrido cuando las mercancías se encontraban bajo su custodia.

En este aspecto, también, las RR constituyen un mejor convenio internacional que las RH, las RHV y las RHb.

d. Exclusión de los contratos de fletamento o similares

Desde el punto de vista del mercado o tráfico al que están llamadas a aplicarse las RR, su artículo 6.º establece, como principio general, que ellas solo se aplican al tráfico de líneas regulares, no al transporte ocasional o servicios "tramp". Adicionalmente, excluye expresamente su aplicación a:

• Contratos de fletamento.

• Otros contratos de utilización de naves, o de espacios a bordo de naves (fletamentos de "slots" y fletamentos de espacio).

De este modo, las RR mantienen el criterio adoptado tanto por las RHV como por las RHb, en el sentido de imponer su régimen imperativo únicamente a aquellas relaciones contractuales de transporte marítimo en las que se considera que existe una parte más débil (el cargador o remitente) frente al porteador (o transportador), respecto del mercado de servicios ocasionales o "tramp", que normalmente es atendido mediante contratos de fletamento, en los que se estima que las partes cuentan con igual poder de negociación. La misma óptica se predica de otros contratos para la utilización de naves, tales como los "slot charter parties" y los "space charter parties", utilizados comúnmente por *freight forwarders*, OTM y NVOCC.

Reconociendo una realidad del mercado, las RR (art. 6.º) también prevén la posibilidad de que aun en el servicio de transporte no regular u ocasional resulten aplicables, cuando no exista entre las partes un contrato de fletamento u otro contrato de utilización del buque y se expida conocimiento de embarque o documento de transporte físico o electrónico. En estos eventos, las nuevas reglas también resultan aplicables, con lo cual se mantiene el mismo resultado que el previsto en el sistema de las RH y las RHV.

El artículo 7.º de las RR contiene una disposición básica para la protección de terceros que, sin participar en la celebración de un contrato de fletamento, sean designados como consignatarios, o se conviertan en tenedores legítimos de un conocimiento de embarque u otro documento de transporte similar. Para este efecto, se dispone que las nuevas Reglas se aplicarán también a las relaciones entre el transportador (porteador) y (i) el destinatario,

(ii) el tenedor del documento de transporte o (iii) la parte controladora, siempre y cuando ninguno de los anteriores sean parte de un contrato de fletamento o similar excluido de su aplicación, conforme al artículo 6.º. En todo caso, la norma reitera que las reglas no serán, en ningún caso, aplicables a las partes originales de dicho contrato de fletamento o similar. Esta disposición es equivalente a las ya contempladas en el artículo 1.e de las RHV y en el artículo 2.3 de las RHb.

e. Exclusión del criterio de aplicación basado en la voluntad de las partes

Llama la atención que las RR no incluyan dentro de su ámbito de aplicación el criterio consensual que había sido adoptado por las RHV, toda vez que el nuevo convenio no prevé su aplicación, con fuerza de ley, por virtud de una estipulación de las partes mediante una cláusula Paramount.

De este modo se evita que las RR resulten aplicables, con fuerza de ley, exclusivamente en virtud de una cláusula Paramount, a un contrato de transporte que no tenga conexión con ninguno de los lugares previstos como puntos de conexión en el artículo 5.º de las RR y que determinan la aplicación del nuevo convenio (lugar de recepción, puerto de embarque, puerto de desembarque y lugar de entrega). Esto es lo que ocurre actualmente bajo el régimen de las RHV, en el que acudiendo al recurso de una cláusula Paramount un transportador marítimo puede imponer la aplicación de este régimen a un contrato que no tenga ningún punto de contacto con un país que las haya ratificado.

Ello no impide, sin embargo, que en un contrato de transporte las partes incluyan una cláusula de elección de ley aplicable invocando las RR, caso en el cual serán las normas de conflicto pertenecientes al derecho internacional privado de cada país las que determinen si tal convenio es válido, o no, para efectos de extender la aplicación de las RR a contratos relacionados con países que no las han ratificado.

No obstante, a nuestro juicio, la aplicación de las RR también puede extenderse en virtud de las normas relativas a jurisdicción y arbitraje, de manera similar a lo que actualmente ocurre con las RHV. Por ejemplo, si el cargador de un país que ha ratificado las RR celebra un contrato de transporte cuyo puerto de embarque y/o lugar de entrega esté ubicado en un país que no las haya ratificado, podrá lograr la aplicación del convenio mediante la iniciación de una acción judicial o de un trámite arbitral, según sea el caso, ante las cortes o los árbitros de su propio país, quienes podrán asumir jurisdicción sobre el caso, en virtud de las disposiciones de los capítulos 14 y 15 de las RR.

Del mismo modo, es altamente probable que un transportador pudiere hacer valer las mismas disposiciones antes los tribunales de su propio país (o del país miembro de las RR con que tenga un punto de conexión el contrato), frente a la acción que llegare a intentar un cargador en un país que no haya ratificado las RR.

Por estos motivos, entonces, desde ahora anticipo que recomiendo ratificar las RR, pero excluyendo los capítulos 14 (Jurisdicción) y 15 (Arbitraje), únicas reservas que permite el convenio (arts. 74, 78 y 91).

f. Efectos de la aplicación al transporte multimodal respecto de la legislación nacional sobre transporte unimodal

Como anotamos antes, las RR pueden convertirse, en la práctica, en el convenio internacional que regule el transporte multimodal, ante la falta de las ratificaciones estatales suficientes para que entre en vigencia el Convenio de Ginebra de 1980; aunque su aplicación se limitaría al transporte multimodal con un trayecto marítimo, excluyendo el que contempla modos de transporte distintos al marítimo.

El artículo 26 de las nuevas reglas consagra lo que se ha denominado como un sistema de responsabilidad tipo red "limitado" o "restringido", conforme al cual, si ha logrado identificarse la etapa del transporte en la que ocurrió el daño a las mercancías, y esta corresponde al período comprendido antes del cargue o después de su descargue del buque, la responsabilidad del transportador se determinará de acuerdo con el instrumento internacional que habría resultado imperativamente aplicable al contrato correspondiente al segmento del transporte en el que ocurrió el daño.

Se trata de un sistema de responsabilidad tipo red "limitado", por cuanto solamente contempla la aplicación de la normatividad del transporte unimodal que tenga el carácter de convenio o instrumento internacional. Ello implica, *a contrario sensu*, que si la ley aplicable al trayecto en que ocurrió el daño es una ley nacional, esta será desplazada por las RR, las cuales determinarán la responsabilidad del transportador en este evento.

Esta solución, a mi juicio, pretende evitar la complejidad que representa la identificación de la ley nacional aplicable a cada trayecto segmentado de una operación multimodal, y busca de este modo facilitar la determinación de la responsabilidad del transportador e introducir certeza al régimen[55].

---

55 MBIAH, KOFI. The Liability and Limitation of Liability Regime, *CMI Yearbook 2007–2008*, p. 295.

En todo caso, resulta previsible que el desplazamiento de la legislación nacional sobre transportes unimodales que se deriva de la aplicación del artículo 26 de las RR se produzca aun si un país no las ratifica, puesto que, con fundamento en sus disposiciones sobre Jurisdicción y Arbitraje, el transportador terrestre, el puerto, el operador portuario (estibador) o el agente marítimo de un país que no haya ratificado el Convenio, y que tenga la condición de parte ejecutante, podría ser llamado a juicio o a arbitraje en un país miembro del Convenio.

g. Identidad del transportador

Las RH y las RHV definen al transportador como el propietario o fletador de un buque que celebra un contrato de transporte con un cargador (art 1.a). Las RHb definen al transportador como la persona que ha celebrado un contrato de transporte con un cargador, sea directamente o a través de un mandatario que lo represente (art. 1.1); además, definen al transportador efectivo como cualquier persona a quien el transportador contractual haya encomendado la ejecución total o parcial del transporte (art. 1.2). Debido a la aplicación más extendida de las RH y las RHV, la primera definición es la más comúnmente aplicada.

Esta definición (RH y RHV) genera múltiples problemas de identificación del transportador, por resultar de común ocurrencia en el comercio marítimo que respecto de una misma nave concurran varias personas, tales como el propietario registrado, el arrendatario o fletador a casco desnudo, el armador, uno o varios fletadores (por tiempo y/o por viaje), fletadores de espacios, transportadores marítimos no operadores de naves (NVOCC), *freight forwarders* y operadores logísticos. Entre todos ellos resulta con frecuencia muy difícil identificar quién ostenta la calidad jurídica de transportador y, por ende, quién debe responder por los daños o pérdida de las mercancías bajo el régimen convencional aplicable. Un error en la identificación del transportador puede resultar en una reclamación frustrada, pues, de producirse un fallo exoneratorio por haberse demandado a quien no era realmente el transportador, la acción muy probablemente habrá prescrito respecto de quien ostenta dicha condición.

Las RHb definen el transportador contractual y el transportador de hecho, lo cual constituye un avance, pero no resuelve el problema planteado de la identidad del transportador cuando concurren otras figuras como las descritas en el párrafo anterior.

Las RR siguen la orientación de las RHb, pero van más allá, pues, además de definir a la parte ejecutante y a la parte ejecutante marítima, conceptualizan de manera tan amplia al transportador, que esta condición, al combinarla con la definición de contrato de transporte, podría predicarse incluso de modernos actores del transporte tales como *freight forwarders* y operadores logísticos.

En efecto, el artículo 37 de las RR consagra normas sobre la identidad del transportador señalando que:

• El transportador es la persona identificada como tal en los "datos del contrato", que deben obrar en el documento de transporte que se expida (art. 37.1, en concordancia con el art. 36.2.b RR).

• Si el documento de transporte no identifica al transportador, pero se indica el nombre del buque a bordo del que fueron cargadas las mercancías, el transportador se identificará de la siguiente manera (art. 37.2/3 RR):

– Se presume que el transportador es el propietario registrado del buque;

– Este puede demostrar que existe un arrendatario o fletador a casco desnudo respecto de dicha nave, y en tal caso se presume que este es el transportador;

• El propietario registrado y/o el arrendatario (o fletador) a casco desnudo podrán identificar al verdadero transportador, suministrando además su dirección.

• En todo caso, el reclamante podrá demostrar quién es el verdadero transportador.

Adicionalmente, el artículo 65 de las RR extiende el plazo para el ejercicio de acciones de reclamación, por un término de 90 días desde cuando se haya identificado al transportador conforme al artículo 37, aun si ya ha expirado el plazo general de dos años de prescripción de la acción.

Las normas sobre identidad del transportador, y especialmente la extensión del plazo de prescripción, a mi juicio, constituyen un importante avance de las RR respecto de las RH, las RHV y las RHb, en la medida en que:

• Dejan sin efecto las denominadas "identity of the carrier clauses", en virtud de las cuales algunos transportadores buscan evitar responsabilidades, contrariando los datos contenidos en los conocimientos de embarque respecto de la identidad del transportador.

• Permiten, en todo caso, que el cargador/consignatario identifique quién es el verdadero transportador, ya sea que este se encuentre mencionado o no en el documento, y aun contra lo que diga el documento de transporte.

• Una vez identificado el verdadero transportador, se extiende el plazo para el ejercicio de acciones de reclamación, por un término de 90 días desde cuando se haya identificado al transportador conforme al artículo 37, aun si ya ha expirado el plazo general de dos años de prescripción de la acción.

h. Parte ejecutante. Aplicación de las RR a freight forwarders y operadores logísticos

Las RR les pueden resultar aplicables a los *freight forwarders* y a los operadores logísticos, bien sea en su condición de partes ejecutantes o bien cuando sean considerados como transportadores o porteadores.

En el primer caso, el artículo 1.° define a la parte ejecutante como la persona que ejecute o se comprometa a ejecutar alguna de las obligaciones del porteador respecto de la recepción, la carga, la manipulación, la estiba, el transporte, el cuidado, la descarga o la entrega de las mercancías, en la medida en que dicha persona actúe, directa o indirectamente, a instancia del porteador o bajo su supervisión y control. Bajo la definición de parte ejecutante pueden estar amparados los depósitos de aduana, los transportadores unimodales (terrestres, ferroviarios), los terminales interiores de carga (o las plataformas logísticas, los puertos secos y los antepuertos) y toda otra persona subcontratada por el transportador (definido como tal en las RR) para ejecutar el transporte contratado.

Bajo esta definición, entonces, los *freight forwarders* y los operadores logísticos que sean subcontratados por el porteador para ejecutar una parte de sus obligaciones contractuales serán considerados partes ejecutantes en el nuevo convenio. El porteador se hace responsable por todos los actos de la parte ejecutante en el cumplimiento del contrato de transporte (art. 18 RR), pero ellos no pueden invocar las defensas y los límites indemnizatorios de las nuevas reglas (art. 4.1 RR), las cuales están limitadas al porteador, a las partes ejecutantes marítimas y a sus empleados, así como al capitán, la tripulación y a toda persona que preste un servicio a bordo del buque[56].

Por lo tanto, para que un *freight forwarder* o un operador logístico pueda ampararse por las exoneraciones de responsabilidad y los límites indemnizatorios de las nuevas reglas, deberá acudir a una de las denominadas cláusulas Himalaya, aunque ellas no son aceptadas pacíficamente en todas las jurisdicciones. Y, en todo caso, podrán acudir a las excepciones y los límites indemnizatorios contemplados en la legislación que resulte aplicable a sus propios servicios.

Ninguna persona que haya sido contratada, directa o indirectamente, por el cargador, el cargador documentario, el destinatario o la parte controladora, y no por el porteador, podrá ser considerado como una parte ejecutante (art. 1.6.b RR). Por lo tanto, cuando el *freight forwarder* o el operador logístico hayan sido contratados por alguna de las partes que representan los intereses de la carga, no podrán ser considerados como partes ejecutantes dentro del nuevo convenio, y deberán acogerse a sus propias condiciones de servicios o a las leyes que les resulten aplicables en su respectivo país.

El otro evento en que, a mi juicio, las RR pueden resultar aplicables a *freight forwarders* y operadores logísticos se presenta cuando ellos puedan ser catalogados como transportadores o porteadores a la luz del convenio.

La definición de porteador comprende a toda persona que haya celebrado un contrato de transporte con un cargador (art. 1.5 RR); de otra parte, la figura de los contratos de volumen introducida en las RR puede representar una

---

56 *Cfr.* STURLEY, MICHAEL F.; FUJITA, TOMOTAKA y VAN DER ZIEL, GERTJAN. *The Rotterdam Rules*, Sweet & Maxwell, Londres, 210, p. 150 (parágrafos 5-192 y 5-193).

interesante oportunidad para *freight forwarders* y operadores logísticos que opten por celebrar este tipo de acuerdos con transportadores marítimos y ofrecer sus servicios integrales a terceros bajo sus propias condiciones, como de hecho ocurre actualmente.

La amplitud de la definición de porteador y de contrato de transporte de las RR deja abierto el debate acerca de si los *freight forwarders* y operadores logísticos que ofrecen sus servicios a los intereses de la carga lo hacen en condición de transportadores (como principales) o de intermediarios (como agentes). Este debate, de índole universal y respecto del que existen diversos criterios, quedará al análisis y decisión de jueces y árbitros en cada jurisdicción y, sin duda, seguirá siendo objeto de controversias y numerosos litigios bajo el nuevo régimen.

Y en la medida en que las RR no aportan una solución al papel de los intermediarios de transporte, la solución se remitirá a la legislación y la jurisprudencia nacionales. En todo caso, dada la diversidad de posiciones que sobre esta materia existen en los diferentes países y regímenes legales, es un asunto respecto del cual es muy difícil establecer una solución uniforme por medio de un convenio internacional.

En mi opinión, la amplitud de las definiciones de porteador y de contrato de transporte de las RR permite cerrar el espacio para que *freight forwarders* y operadores logísticos excluyan su responsabilidad directa frente a sus clientes (intereses de la carga) por daños, pérdida o retraso en las mercancías, al introducir criterios que facilitan su calificación como "transportadores" bajo el nuevo régimen de las RR. Esto constituye, a mi juicio, una ventaja que favorece a los intereses de la carga, pues resulta evidente que cada día más el cargador o remitente contrata los servicios de transporte internacional con *freight forwarders* y operadores logísticos, en lugar de contratarlos con transportadores marítimos.

A partir de las RR, entonces, Colombia –y cada país– podría desarrollar legislación que introduzca precisión sobre la responsabilidad de *freight forwarders* y operadores logísticos.

i. Parte ejecutante marítima. Aplicación de las Reglas de Rotterdam a agentes marítimos, puertos, operadores portuarios y operadores de terminales

Las RR introducen también la definición de parte ejecutante marítima (art. 1.7 RR) como aquella "parte ejecutante" que ejecute o se comprometa a ejecutar tales obligaciones del porteador en el período comprendido entre la llegada de las mercancías al puerto de carga y su salida del puerto de descarga.

Bajo esta definición, entonces, las RR pueden resultar aplicables a los puertos, operadores portuarios (estibadores y prestadores de servicios auxiliares) y a operadores de terminales de transporte, en la medida en que ostenten la condición de partes ejecutantes marítimas, es decir, cuando actúen, directa o indirectamente, a instancia del porteador o bajo su supervisión y control. Por el contrario, si sus servicios son contratados directa o indirectamente por el cargador, el cargador documentario, el destinatario o la parte controladora, y no por el porteador, no podrán ser considerados como una parte ejecutante marítima (art. 1.6.b RR).

Esta definición incluye expresamente a los subcontratistas independientes como sujetos al régimen de las RR, marcando así una notable diferencia con las RHV, cuyo artículo 4.2 bis las hace aplicables solo a los agentes y empleados del porteador, mas no a los subcontratistas independientes.

Los agentes marítimos también estarían comprendidos en la definición de parte ejecutante marítima, cuando realicen actos de ejecución del contrato de transporte por encargo o a instancia del transportador, como normalmente ocurre en la práctica, dado el rol natural de estos actores del transporte marítimo.

Las partes ejecutantes marítimas, a diferencia de las demás partes ejecutantes, tienen dos características que merecen especial atención:

• La parte ejecutante marítima es solidariamente responsable con el porteador por la pérdida, daño o retraso en la entrega de las mercancías, cuando el evento dañino haya ocurrido en el período de responsabilidad de la parte ejecutante marítima (desde que las mercancías llegan al puerto de cargue hasta que salen del puerto de descargue, o cuando estén bajo su custodia, o cuando intervenga en la ejecución del contrato – art. 19 RR), y, de acuerdo con las reglas, ambos (porteador y parte ejecutante marítima) sean legalmente responsables de dichas pérdida, daño o retraso en la entrega (art. 20 RR).

• La parte ejecutante marítima puede acogerse a las exoneraciones de responsabilidad y a los límites indemnizatorios de las nuevas reglas, sin necesidad de acudir al mecanismo de la cláusula Himalaya (art. 4.1.a RR).

Esta solidaridad –que encuentra un precedente en relación con el agente marítimo en la legislación colombiana[57]– resulta beneficiosa para los intereses de la carga, en la

57 Conforme al art. 1492, nums. 5 y 7, del Código de Comercio colombiano, el agente marítimo es solidariamente responsable con el capitán y con el armador de la nave agenciada, por las obligaciones relativas a la entrega de las mercancías y por todas las obligaciones adquiridas por la nave en el país. No obstante, esta norma también consagra la solidaridad del agente marítimo respecto de cualquier otro daño que cause la nave mientras se encuentra en Colombia, mientras que las Reglas de Rotterdam únicamente

medida en que amplía el número de personas a quienes pueden demandar para obtener una indemnización por el daño o la pérdida de mercancías, cuando el evento dañino haya ocurrido en el período de responsabilidad de la parte ejecutante marítima (desde que las mercancías llegan al puerto de cargue hasta que salen del puerto de descargue, o cuando estén bajo su custodia , o cuando intervenga en la ejecución del contrato – art. 19 RR), máxime si se trata de empresas que, como los agentes marítimos, los puertos, operadores portuarios y operadores de terminales, estarán domiciliadas en el país del cargador o del destinatario.

Pero, por el contrario, la misma solidaridad puede resultar perjudicial para puertos, operadores portuarios y operadores de terminales, quienes podrían terminar asumiendo responsabilidades y pagando indemnizaciones por daños o perdidas de mercancías que hayan ocurrido dentro del recinto portuario, pero por actos atribuibles al porteador, y verse luego obligados a repetir contra este.

Si los puertos, operadores portuarios y operadores de terminales son calificados como una parte ejecutante marítima, su responsabilidad sería determinada con base en las RR, llenando así el vacío que al respecto existe en la mayoría de las legislaciones nacionales sobre este tema, o bien desplazando la ley nacional existente[58] y también las cláusulas de sus contratos o condiciones generales de servicios, debido al carácter imperativo que tiene el régimen de este nuevo convenio (art. 79 RR).

---

establecen esta solidaridad en relación con el cumplimiento del contrato de transporte marítimo de mercancías.

58 Por ejemplo, Venezuela cuenta con un régimen especial de responsabilidad de puertos, operadores portuarios (estibadores) y administradores de terminales, contenido en la Ley General de Puertos (*Gaceta Oficial* n.° 37.58 de 11 de diciembre de 2002).

Todo dependerá de la interpretación que las cortes nacionales den a la expresión "cuando actúen, directa o indirectamente, a instancia del porteador o bajo su supervisión y control", que es la que determina, en cada caso, si un puerto, operador portuario (estibador) u operador de terminal es una parte ejecutante marítima y, por ende, solidariamente responsable con el transportador.

A mi juicio, para evitar controversias al respecto, al ratificar las RR cada país podría precisar el alcance de esta expresión, bien sea en el propio acto de ratificación (sin que ello constituya una reserva al convenio, pues este prohíbe las reservas en su art. 90), o bien mediante legislación posterior.

Para evitar la responsabilidad solidaria, los puertos, operadores portuarios y operadores de terminales pueden optar por no acceder a la contratación de sus servicios por parte del transportador, sino mantener estas relaciones comerciales con los intereses de la carga. En tal evento, no serían considerados como una parte ejecutante marítima, y su responsabilidad no sería determinada con base en las RR, sino en la ley nacional y/o en las cláusulas de sus contratos o condiciones generales de servicios.

En este caso, las RR no llenarían el vacío de las leyes nacionales sobre la responsabilidad civil de estos actores de la cadena logística, lo cual constituye un llamado a continuar trabajando, tanto en el ámbito legislativo como en el contractual, en el establecimiento de reglas claras sobre la responsabilidad de puertos, operadores portuarios y operadores de terminales en el transporte de mercancías.

Las previsiones sobre identidad del transportador, y sus consecuencias respecto de la responsabilidad de *freight forwarders*, operadores logísticos, puertos, operadores portuarios y operadores de terminales, constituyen, a mi juicio, un significativo avance de las RR en beneficio de los intereses de la carga, frente al régimen actual de las RH, de las RHV e incluso de las RHb.

j. Documentos de transporte

Si bien la aplicación de las RR no depende de la expedición de un conocimiento de embarque u otro título representativo de las mercancías, ni de la expedición de cualquier otro documento de transporte, su Capítulo 8 (arts. 35 a 42) contiene normas detalladas sobre los documentos de transporte que se deben expedir en la ejecución del contrato, salvo acuerdo expreso para su no utilización entre cargador y transportador.

La principal novedad, frente a las RH, las RHV y las RHb, es la existencia de documentos de transporte electrónicos, y las normas que regulan su expedición y su transferencia. Este aspecto reviste vital importancia para la facilitación y el desarrollo del comercio internacional, especialmente en estos tiempos en los que la pandemia de la covid-19 ha hecho más evidente la necesidad del comercio electrónico y de las operaciones sin papel, para lo cual es indispensable la existencia de documentos de transporte electrónicos[59].

Adicionalmente, las RR contienen normas de más fácil y precisa aplicación respecto de las reservas y del valor probatorio del documento de transporte, dependiendo de si las mercancías se entregan dentro de un contenedor o no, de si se trata de un embarque FCL o LCL, o si se han adoptado medidas de verificación tales como inspecciones

---

59 Debo advertir, sin embargo, que para la real y efectiva funcionalidad de los documentos electrónicos de transporte (no solo los contemplados en las Reglas de Rotterdam) resulta indispensable que Colombia –y cada país– adopte la Ley Modelo de Uncitral sobre Documentos Transferibles Electrónicos, expedida en el 2017.

preembarque o si se han pesado las mercancías en el momento de su recepción por parte del transportador o de una parte ejecutante. Aparte de ello, no existen mayores diferencias de fondo en relación con los documentos de transporte frente al régimen convencional actual.

Sin embargo, las novedosas medidas descritas hacen a las RR un régimen mucho más conveniente que las RHV y que las RHb.

k. Derechos de control sobre las mercancías

Las RR introducen una importante novedad al consagrar normas específicas sobre lo que se conoce internacionalmente como el "derecho de disposición" sobre las mercancías, al que el nuevo régimen denomina, en su Capítulo 10 (arts. 50 a 56) como "derechos de la parte controladora". Esta regulación constituye un avance respecto de las RH, las RHV y las RHb, que nada prevén al respecto.

Básicamente, el "derecho de la parte controladora" consiste en la facultad de disponer de las mercancías mientras se encuentran en tránsito, mediante órdenes al transportador para el cambio de ruta, la entrega en un puerto o un lugar intermedio, distinto al puerto o lugar inicialmente previsto como destino, la entrega a un destinatario diferente al original, incluyendo la sustitución de la propia parte controladora. Este derecho existe durante el período de responsabilidad del transportador conforme al artículo 12 de las RR, es decir, desde la recepción de las mercancías hasta su entrega al destinatario. Este derecho de control tiene como límites la razonabilidad de las nuevas instrucciones impartidas al transportador, la no interferencia de estas con la ejecución de otros contratos de transporte y el pago por parte de la parte controladora de todos los gastos adicionales que implique su cumplimiento (arts. 50 y 52 RR).

La "parte controladora" es el cargador, quien podrá transferir este derecho de control al destinatario, al cargador documentario o a otra persona; si se ha emitido un documento de transporte negociable, físico o electrónico, la parte controladora es el tenedor legítimo de dicho documento (art. 51 RR).

A mi juicio, esta novedad resulta beneficiosa para los intereses de la carga, pues permite la armonización del contrato de transporte con el contrato de compraventa internacional de mercancías, con las cartas de crédito y los créditos documentarios, así como con los Incoterms.

l. Carga sobre cubierta

La carga sobre cubierta está excluida del régimen imperativo de las RHV (art. 1.c) siempre que se haya contemplado dicha carga sobre cubierta en el contrato de transporte, se haya cargado de hecho sobre cubierta y se haya advertido dicha circunstancia en el conocimiento de embarque. En este caso, las partes pueden acordar libremente el régimen de responsabilidad por este cargamento. Existen diversos criterios sobre las consecuencias de cargar mercancías sobre cubierta sin haberlo acordado con el cargador o, existiendo tal acuerdo, sin haberlo advertido en el conocimiento de embarque. La tendencia mayoritaria es a considerar esto como un incumplimiento del contrato que compromete la responsabilidad del transportador, pero aún puede ampararse en los límites indemnizatorios. También existen diversos criterios acerca de la validez de las cláusulas de libertad para cargar mercancías sobre cubierta que usualmente incluyen los conocimientos de embarque, lo cual representa una posición desfavorable para el cargador.

Las RHb permiten la carga sobre cubierta, siempre que (i) sea requerido por ley, (ii) sea lo usual o acostumbrado respecto del mercado o la carga en particular, o (iii) sea acordado por las partes, siempre que en este caso el cargamento sobre cubierta sea advertido en el conocimiento de embarque. Si se omite dicha advertencia, el transportador podrá probar la existencia del acuerdo frente al cargador, pero no podrá invocarlo frente al consignatario o frente a un tercero tenedor legítimo del conocimiento de embarque.

Cumplidas estas condiciones, si la carga se daña, se pierde o se retrasa por causa de haber sido transportadas sobre cubierta, el transportador será responsable, a menos que pruebe que adoptó las medidas razonables para evitar el hecho dañino (art. 5.1), pero tiene derecho a los límites indemnizatorios. Pero si la carga es transportada sobre cubierta sin autorización del cargador, o contra prohibición expresa en tal sentido, el transportador es responsable de su daño, pérdida o retraso, sin derecho a invocar los límites indemnizatorios.

Las RR siguen la tendencia de las RHb en la regulación de la carga sobre cubierta, pero introducen modificaciones que deben analizarse con detenimiento:

- A los eventos en que se permite el transporte de carga sobre cubierta agrega el caso en que las mercancías son transportadas en contenedores o en vehículos aptos para el transporte sobre cubierta, siempre que la cubierta de la nave cuente con los dispositivos para dichos contenedores o vehículos, con lo cual se incluye una previsión acorde con las tendencias actuales del comercio (buques portacontenedores y buques *roll-on/roll-off*).
- Cuando el transporte sobre cubierta provenga de un acuerdo o de los usos del comercio, se exige que el documento de transporte que se expida contenga una advertencia de que la carga puede ser transportada sobre cubierta, con el fin de proteger los intereses del consignatario y de futuros tenedores del documento de transporte;

a falta de dicha advertencia, el transportador no puede invocar el acuerdo o los usos comerciales frente a ellos.

• Cuando el transporte sobre cubierta cumple los requisitos antes descritos (transporte sobre cubierta autorizado), la responsabilidad del transportador por daño, pérdida o retraso en la entrega se rige por los principios generales de las RR (art. 17 y ss.), pero se excluye la responsabilidad del transportador si la causa del daño/pérdida/retraso es atribuible a los riesgos especiales del transporte sobre cubierta, a excepción del caso de carga en contenedores y en vehículos especiales, pues respecto de estos no hay exclusión de responsabilidad especial. En otras palabras, los riesgos especiales del transporte sobre cubierta recaen en el cargador/consignatario cuando se trata de transporte ordenado por ley, o por acuerdo entre las partes, o por usos del comercio; pero dichos riesgos permanecen en el transportador cuando se trata de carga en contenedores o en vehículos especiales.

• Si se transportan bienes bajo cubierta en eventos diferentes a los previstos en el art. 25 de las RR, o sin cumplir los requisitos allí señalados (transporte sobre cubierta no autorizado), el transportador es responsable del daño/pérdida/retraso derivado de los riesgos especiales del transporte sobre cubierta, sin poder invocar las causales exonerativas de responsabilidad del art. 17, pero conservando el derecho a aplicar los límites indemnizatorios del convenio.

• Si se transportan bienes sobre cubierta contra la expresa prohibición o acuerdo en contrario con el cargador (transporte sobre cubierta prohibido), el transportador es responsable del daño/pérdida/retraso, sin tener derecho a invocar las causales exonerativas de responsabilidad del art. 17, ni a los límites indemnizatorios del convenio.

En conclusión, el transporte de carga sobre cubierta en las RR tiene una regulación más detallada, que supera la incertidumbre que al respecto dejan las RHV, que generalmente va en contra del cargador/consignatario. Las RR siguen el mismo sentido de la regulación del tema en las RHb, pero como novedades importantes resaltamos:

- Los riesgos especiales del transporte de carga sobre cubierta ordenado por la ley recaen en el cargador/consignatario y no existe obligación de advertir de dicho transporte en el documento de transporte.
- Los riesgos especiales del transporte de carga sobre cubierta producto del acuerdo entre las partes o de los usos del comercio recaen en cabeza del cargador/consignatario, siempre que se haya advertido de dicho transporte en el documento de transporte.
- Los riesgos especiales del transporte de carga sobre cubierta en contenedores o vehículos especiales recaen en cabeza del transportador, pero no existe obligación de advertir de dicho transporte en el documento de transporte.

m. Obligaciones del transportador

Uno de los puntos destacables de las RR es la consagración expresa de la obligación del transportador de entregar las mercancías al destinatario, y la inclusión de reglas específicas que regulan dicha entrega. Esto constituye, a mi juicio, uno de sus más importantes avances frente al régimen tradicional de las RH y las RHV, las que no consagran obligación de entrega por parte del transportador, y sigue la tendencia de las RHb que sí establecieron esta obligación del transportador, aunque no de manera expresa, sino implícita[60] (arts. 4 y 5.1 RHb).

---

60 *Cfr.* BERLINGIERI, FRANCESCO. A comparative analysis of the Hague-Visby

Bajo las RH y las RHV el transportador no está especialmente obligado a entregar las mercancías al consignatario en el puerto de destino, sino solamente a descargarlas del buque (art. 3.2 RHV). El transportador está, entonces, en libertad de pactar con el cargador lo relativo a su obligación de entregar las mercancías, lo cual constituye una considerable desventaja de este régimen para los intereses de la carga (art. 3.6 RHV), pues la solución para los conflictos relativos al acto de entrega de las mercancías queda sujeta a las cláusulas del conocimiento de embarque y/o a las normas correspondientes a la ley aplicable al contrato, conforme a la cláusula Paramount y las normas de conflicto del país en el que se resuelva la controversia.

Las RR consagran expresamente la obligación del transportador de entregar las mercancías al destinatario en el puerto o en el sitio de destino (art. 11) y establecen que el período de responsabilidad del transportador va hasta la entrega de las mercancías al destinatario (art. 12).

Otro avance significativo de las RR es la extensión de la obligación del transportador de ejercer debida diligencia para poner el buque en estado de navegabilidad más allá del momento del zarpe ("antes y al comienzo del viaje", según el art. 3.1 RHV). Por el contrario, el art. 14 de las RR establece que la obligación del transportador no solo es ejercer debida diligencia para poner, sino para mantener, el buque en estado de navegabilidad. Si bien el alcance de la obligación aún es calificado como de "debida diligencia" –propio del derecho anglosajón–, las consecuencias de ello, tanto en Colombia como en la mayoría de los sistemas de derecho latinoamericanos, no ofrecen dificultades significativas

---

Rules, the Hamburg Rules and the Rotterdam Rules; Paper delivered at the General Assembly of the AMD, Marrakesh, 5-6 November, 2009, p. 6.

(como veremos adelante), máxime con la aplicación de los estándares previstos en el Código IGS (ISM Code) y también, en cierta medida, en el Código PBIB (ISPS Code).

Si bien es cierto las RHb excluyen por completo la obligación de navegabilidad, por considerar que las obligaciones y la responsabilidad podría enmarcarse en la regla contenida en su artículo 5.º (responsabilidad con culpa presunta), ello no necesariamente significa una ventaja, debido a las dificultades en la carga de la prueba en casos de daño/pérdida/retraso derivados de la innavegabilidad del buque. Adicionalmente, eliminar por completo el concepto de navegabilidad no solo tiene consecuencias en el contrato de transporte, sino en otros contratos y relaciones jurídicas del derecho marítimo, tales como el contrato de seguro, el contrato de remolque, la responsabilidad por contaminación ambiental, la responsabilidad en caso de colisiones, etc.

En conclusión, estimo que el concepto de navegabilidad (como obligación y como estándar de exoneración de responsabilidad del transportador marítimo) debe mantenerse, y su regulación es mejorada por las RR, en beneficio de los intereses de la carga.

n. Período de responsabilidad del transportador

Las RR extienden el período de responsabilidad del transportador más allá de la tradicional regla de "tackle-to-tackle" (arts. 1.e y 7 RHV) y del previsto en el artículo 4.º de las RHb ("port-to-port"), para comprender todo el tiempo en que el transportador tenga las mercancías bajo su custodia, desde el momento en que las recibe del cargador hasta el momento en que las entrega al consignatario o a la persona habilitada para reclamarlas conforme al contrato ("door-to-door") [art. 12.1 RR].

El período de responsabilidad de las RHV, es decir, entre el cargue de las mercancías a bordo de la nave en el puerto de embarque y su descargue en el puerto de destino ("tackle-to-tackle"), genera la existencia de una "zona gris", consistente en el tiempo en que las mercancías están realmente bajo la custodia del transportador en el puerto de origen antes del cargue y/o en el puerto de destino después del descargue. Los daños ocurridos en estos períodos no están cobijados por el régimen imperativo de las RHV, sino por las cláusulas del conocimiento de embarque, que en muchos casos están dirigidas a excluir o reducir al mínimo la responsabilidad del transportador por los daños o pérdida de las mercancías en estos momentos. Esta situación produce incertidumbre y desprotección a los intereses de la carga.

Bajo las RHb se resuelve el anterior problema, pues el período de responsabilidad inicia cuando el transportador recibe las mercancías en el puerto de origen, hasta cuando las entrega en el puerto de destino (art. 4.º). No obstante, esta extensión del período de responsabilidad no es compatible con los contratos de transporte multimodal, es decir, cuando el transportador ofrece un servicio puerta a puerta ("door-to-door"). Para resolver este vacío que deja, incluso, el régimen de las RHb, el art. 12 de las RR señala que "el período de responsabilidad del porteador por las mercancías establecido en el presente Convenio comienza en el momento en que el porteador o una parte ejecutante reciba las mercancías para su transporte y termina en el momento de su entrega".

Por lo tanto, el período de responsabilidad extendido al concepto de servicio "door-to-door" previsto en el artículo 12 de las RR constituye un importante avance y un representativo beneficio para los intereses de la carga, frente a los regímenes de las RHV y de las RHb.

Si bien es cierto que el artículo 12.3 de las RR permite que las partes modifiquen el período de responsabilidad, acordando el lugar de recepción y de entrega, dicho período debe, por lo menos, comprender desde el momento de la operación inicial de cargue al medio de transporte (no necesariamente a una nave) en el sitio de origen hasta el momento en que termina la operación final de descargue en el sitio de destino. Cualquier cláusula que estipule lo contrario será nula conforme al convenio, con lo cual, a mi juicio, se protegen los intereses de la carga.

o. Responsabilidad del transportador

En materia de la responsabilidad del transportador, los avances más importantes de las RR que mejoran la posición de los intereses de la carga frente al régimen de las RHV son:

- Eliminación de la causal de exoneración de responsabilidad del transportador conocida como "culpa náutica" (error del capitán, tripulación o práctico en la navegación o administración del buque – art. 4.2.a RHV).
- Restricción de la causal exonerativa de responsabilidad de incendio al que ocurra a bordo del buque (art. 17.3.f RR) aun por culpa exclusiva del capitán y la tripulación (art. 4.2.b RHV) y, en general, de todas aquellas personas por las que deba responder el transportador (art. 18 RR).
- Ampliación de la obligación de navegabilidad a todo el viaje, por lo que, para exonerarse del daño/pérdida/retraso en la entrega causado por innavegabilidad, el transportador debe acreditar el ejercicio de debida diligencia no solo antes y al comienzo del viaje (art. 4.1 RHV), sino durante todo el viaje (art. 17.5 y art. 14 RR).

En general, considero que, por lo demás, las RR mantienen el mismo fundamento de la responsabilidad de las RHV, aunque señalando, en primer lugar, el principio general de exoneración de responsabilidad (art. 17.2 RR), en vez de dejarlo para el final (art. 4.2.q RHV), y luego enumerando las causales específicas de exoneración de responsabilidad (art. 17.3 RR).

Salvo las modificaciones antes descritas, las causales exonerativas de responsabilidad de las RR son similares a las de las RHV, aunque su lenguaje fue actualizado a las prácticas modernas de la navegación, y es un poco más adaptable a un sistema de derecho romano-germánico (*civil law*, por oposición al *common law*), como el que predomina en los países latinoamericanos. En efecto, en lugar de "Act of God", se habla de fuerza mayor (art. 17.3.a RR), se incluyen la piratería y el terrorismo (art. 17.3.c RR) y también se incluyen como causal exonerativa las medidas para evitar daños al medio ambiente (art. 17.3.n RR).

Las RHb claramente consagran un régimen de responsabilidad subjetiva del transportador, basado en una presunción de culpa (art. 5 y Acuerdo Final de Entendimiento RHb). Para rebatir esta presunción de culpa, al transportador le basta con demostrar su ausencia de culpa, aun si la causa del daño permanece desconocida. Sobre esto último no existe unanimidad de criterio, pues respecto de otros convenios internacionales sobre el contrato de transporte, tales como el Convenio de Varsovia de 1929 (modificado por el Protocolo de La Haya de 1995), que tienen una fórmula similar de exoneración de responsabilidad del transportador, algunos autores opinan que el transportador debe primero identificar la causa del daño y respecto de ella demostrar su ausencia de culpa (o debida diligencia)[61],

61 Sobre el tema ver Tamayo Jaramillo, Javier. *El Contrato de Transporte*, Colombo Editores, Bogotá, 1996, p. 448; en el mismo sentido, Mapelli,

mientras que otros afirman que la exoneración de responsabilidad en este convenio consiste simplemente en la prueba de ausencia de culpa, en abstracto, es decir, sin necesidad de identificar la causa del daño, ni hacer referencia a ella[62]. Independientemente de la posición que se adopte al respecto, a mi juicio, el texto de las RHb es susceptible de diversas –y muy opuestas– interpretaciones, que eliminan la certeza necesaria en un aspecto crucial como es la responsabilidad del transportador.

Es muy difícil calificar el régimen de responsabilidad del transportador en las RR como un régimen objetivo o como un régimen subjetivo, por cuanto esta clasificación es propia del derecho romano-germánico, y las RR son producto, entre otras cosas, de una mezcla de sistemas legales. Si bien es cierto las RR propugnan por su interpretación bajo un criterio de internacionalidad (art. 2 RR), resulta inevitable que cada país que las ratifique, luego las interprete y las aplique conforme a sus propias categorías jurídicas; por lo tanto, la clasificación del régimen de responsabilidad del transportador como objetivo o subjetivo reviste especial importancia para los países latinoamericanos.

La mayoría de los comentaristas consideran que el régimen de responsabilidad del transportador en las RR es un régimen subjetivo, es decir que está fundamentado en

---

Enrique. *El Contrato de Transporte Aéreo Internacional*, Tecnos, Madrid, 1968, p. 183. Sobre interpretaciones en similar sentido respecto de otros convenios, tales como CMR y CIM-Cotif, ver Ramberg, Jan. *The Law of Carriage of Goods – Attempts at Harmonization*, p. 222.

62 Esta posición es defendida por Sarmiento García, Manuel Guillermo. *Estudios de Responsabilidad Civil*; ponencia: La evolución de la legislación internacional en materia de responsabilidad del transportador aéreo; Universidad Externado de Colombia, 2003, p. 19.

la culpa[63]. No obstante, también existe autorizada opinión de un autor perteneciente al sistema de derecho romano-germánico (*civil law*) en el sentido de que, en realidad, se trata de un régimen objetivo[64].

A nuestro juicio, la clasificación del régimen de responsabilidad del transportador en las RR como objetivo o subjetivo depende, en gran medida, de la concepción de cada uno sobre lo que es responsabilidad objetiva. En criterio del autor, un régimen de responsabilidad subjetiva es aquel en el que el deudor incumplido puede exonerarse de responsabilidad mediante la simple prueba de la ausencia de culpa, sin que esté obligado, para liberarse, a identificar la causa efectiva del daño; es decir, que la prueba liberatoria es la de ausencia de culpa "en abstracto". Por el contrario, un régimen de responsabilidad objetivo es el que se caracteriza porque el deudor incumplido solamente puede exonerarse de responsabilidad mediante la prueba de la causa extraña, es decir, acreditando (i) la causa del daño [prueba de causalidad] y (ii) que dicha causa no es atribuible jurídicamente a su conducta o la de las personas por las que está llamada a responder [prueba de no imputabilidad]. En un régimen subjetivo el deudor incumplido puede exonerarse de responsabilidad aun si la causa del daño permanece desconocida; por el contrario, en un régimen objetivo el deudor incumplido no puede exonerarse de responsabilidad cuando la causa del daño permanece desconocida.

---

63 Mbiah, Kofi, *op. cit.*, p. 290; Berlingieri, Francesco. A comparative analysis..., p. 8; Chami, Diego. Convenio sobre el Contrato de Transporte de Mercaderías, total o parcialmente, Marítimo – Las Reglas de Rotterdam, p. 5.

64 Delebecque, Philippe. The new Convention on International Carriage of Goods Wholly or Partly by Sea: A Civil Law Perspective; CMI *Yearbook* 2007–2008, p. 275.

En este aspecto, consideramos que las RR impiden, en todos los casos, que el transportador se exonere de responsabilidad cuando la causa del daño permanece desconocida y, por lo tanto, desde este punto de vista, el régimen debe considerarse como de responsabilidad objetiva[65].

En efecto, desde la formulación del principio general de exoneración de responsabilidad, el art. 17.1 de las RR señala que "el porteador quedará total o parcialmente exonerado de la responsabilidad establecida en el párrafo 1 del presente artículo *si prueba que la causa o una de las causas de la pérdida*, el daño o el retraso no es imputable a su culpa ni a la culpa de ninguna de las personas mencionadas en el artículo 18" (cursivas fuera del texto). A mi entender, para probar la no imputabilidad de la causa de daño resulta indispensable que el transportador primero identifique dicha causa, pues, si no lo hace, resulta imposible demostrar que no le es imputable a él o a las personas por las que debe responder conforme al art. 18. Por lo tanto, es fácil concluir que esta prueba de no imputabilidad exigida por el art. 17.2 no es una simple prueba de ausencia de culpa "en abstracto", sino una prueba de ausencia de culpa –o, mejor, de no imputabilidad– "en concreto", referida a la causa o causas de daño que el transportador debió haber identificado previamente.

Ahora bien, las causales del artículo 17.3 de las RR no son más que casos respecto de los que, si el transportador

65 Coincido con la opinión de DELEBECQUE, PHILIPPE, *op. cit.*, p. 275: "As for the carrier liability (art. 18), if it is true that the basis of this is not exactly the same that the HVR one, it is impossible to say, in our opinion, that is a 'fault based' liability regime'. Furthermore, it is false to say, while the language of the HVR is retained, that the risk has shifted from ship to cargo. The carrier liability is still, in our opinion, a strict liability, given that the carrier could not withdraw his liability if the cause of damage is unknown [...]".

prueba que fueron la causa del daño, se presume que dicha causa no es imputable a su conducta, ni a la de las personas por las que debe responder conforme al artículo 18. Entonces, la enumeración de las causales no hace otra cosa que eximir al transportador de la prueba de no imputabilidad que, como principio general, exige el artículo 17.2. Se trata del mismo sistema consagrado en el artículo 4.2 de las RHV, solo que ahora el principio general de exoneración de responsabilidad se enlista en primer lugar (num. 2 del art. 17 RR) y no en último lugar (lit. q del art. 4.2 RHV). Pero nuevamente la identificación de la causa del daño es un presupuesto esencial para poder exonerar al transportador de su responsabilidad.

El artículo 17.4.b de las RR dispone que el transportador no exonerará su responsabilidad si "el reclamante prueba que un hecho o circunstancia no enumerada en el párrafo 3 del presente artículo *contribuyó a causar la pérdida*, el daño o el retraso y *el porteador no puede probar que ese hecho o circunstancia no es imputable a su culpa* ni a la culpa de ninguna de las personas mencionadas en el artículo 18" (cursivas fuera del texto). Nuevamente, se trata de un sistema de inversión de la carga de la prueba, conforme al cual es el reclamante quien identifica la causa del daño/pérdida/retraso de la mercancía (distinta a las enumeradas en el art. 17.3), con lo que obliga al transportador, para exonerarse, a demostrar que dicha causa no le es imputable a él ni a las personas por las que debe responder conforme al art. 18. Nótese que nuevamente el sistema de exoneración de responsabilidad parte de la identificación de la causa del daño/pérdida/retraso, solo que ahora dicha identificación la hace el reclamante y no el transportador.

Cuando el daño/pérdida/retraso es causado por la innavegabilidad del buque, el sistema de exoneración cambia, pues el artículo 17.5.b de las RR exige al transportador la prueba de la debida diligencia para poner y mantener el buque en estado de navegabilidad, según el alcance de esta obligación señalado en el artículo 14. A primera vista, pareciera que esta sí es una prueba de ausencia de culpa "en abstracto". A mi juicio, sin embargo, si las RR se han de interpretar con criterio de internacionalidad (art. 2 RR) y tomando en cuenta los antecedentes jurisprudenciales de esta misma forma de exoneración bajo las RHV[66], entonces, en realidad, se trata de una prueba de debida diligencia referida específicamente a la causa que determinó la innavegabilidad del buque, o sea, a la causa efectiva del daño; es decir, se trata, una vez más, de una prueba de no imputabilidad referida a la causa efectiva del daño/pérdida/retraso, y no de una simple prueba de ausencia de culpa "en abstracto".

Como puede observarse, en todos los posibles eventos, el transportador no puede exonerar su responsabilidad por daño/pérdida/retraso en la entrega de las mercancías si la causa del daño permanece desconocida, lo cual es propio de un régimen de responsabilidad objetiva. La única diferencia es que cuando la causa del daño es uno de los eventos enumerados en el artículo 17.3, entonces el transportador queda relevado de la prueba de no imputabilidad, pero el reclamante siempre tiene la posibilidad de probar que, en realidad, hubo culpa del transportador o de las personas por las que debe responder conforme al artículo 18.

---

66 Tetley, William. *Marine Cargo Claims*, 3.ª ed., Blais, International Shipping Publications, Montreal, 1988, p. 378: "The carrier is not obliged to prove that he exercised due diligence to make the vessel seaworthy in any respect unconnected with the loss. It is only if some particular unseaworthiness contributed to a loss, then it is in respect to that unseaworthiness that the carrier must make his proof of due diligence".

No quiero con estos comentarios entrar en un debate sobre los conceptos de responsabilidad subjetiva y de responsabilidad objetiva, pues sobre el tema existe un sinnúmero de autorizadas opiniones y teorías y la materia es objeto aún de diversas discusiones. Únicamente quiero llamar la atención sobre el hecho de que el régimen de responsabilidad del transportador de las RR siempre exige la identificación de la causa efectiva del daño/pérdida/retraso en la entrega de las mercancías, y que el transportador no puede exonerar su responsabilidad con la simple prueba, en abstracto, de la ausencia de culpa, con lo que se constituye en un sistema mucho más favorable a los intereses de la carga que el consagrado en las RHV y en las RHB.

p. Carga de la prueba

En materia de carga de la prueba, el artículo 17 de las RR no hace otra cosa que consagrar positivamente la interpretación que en materia de carga de la prueba había hecho la jurisprudencia internacional respecto del régimen de responsabilidad en las RHV.

En este aspecto, la ventaja de las RR es que ahora dicho sistema de transferencia de la carga de la prueba entre el reclamante y el transportador se encuentra reglado en forma clara en una norma positiva, en lugar de quedar al arbitrio y la interpretación del juez o del árbitro, que puede variar de criterio en cada jurisdicción. Con ello se obtiene una deseable certeza en el régimen, introduciendo otro importante beneficio respecto de las RHV y de las RHb.

q. Responsabilidad por demora en la entrega de las mercancías

Las RHV no contemplan la responsabilidad del transportador por retraso o demora en la entrega de las mercancías, por lo que indudablemente las RR constituyen una mejoría al respecto.

Las RHb sí consagran la responsabilidad del transportador por demora en la entrega de las mercancías, con sujeción al sistema de exoneración de responsabilidad general (art. 5 RHb), y un límite indemnizatorio de 2,5 veces el flete de las mercancías retrasadas, sin que se supere nunca el valor total del flete del contrato de transporte respectivo (art. 6.1.b RHb).

Las RR contienen un régimen muy similar al de las RHb, incluso con el mismo límite indemnizatorio (art. 60 RR), pero sujetan la existencia de responsabilidad por retraso a que haya existido un acuerdo sobre el plazo de entrega de las mercancías (art. 21 RR) y a que se dé aviso del retraso al transportador (art. 23.4). Las RR aclaran, además, que si el retraso en la entrega produce daño o pérdida de las mercancías, el límite indemnizatorio aplicable es el del daño o pérdida, y no el de retraso en su entrega (art. 60).

Se ha criticado, respecto a la inconveniencia para los intereses de la carga, sobre la necesidad del acuerdo en cuanto al plazo de entrega y el aviso, como presupuestos para que surja la responsabilidad del transportador por el retraso. Sin embargo, este es un sistema muy similar al consagrado en el transporte multimodal bajo las Reglas Unctad/ICC de 1992 (Regla 5.1) y bajo la Decisión 331 (modificada por la Decisión 393) de la Comunidad Andina (art. 9, inc. 2.º).

También se ha calificado como irrisorio el límite indemnizatorio de 2,5 veces el valor del flete. Pero, por una parte, se trata del mismo límite de las RHb (art. 6.1.b); y por la otra, en realidad, se trata de una pérdida económica (lucro cesante, pérdida de oportunidad), que tradicionalmente no se exige al transportador indemnizar en ninguno de los convenios internacionales vigentes en otros modos de transporte, y que normalmente puede ser objeto de protección por parte de los intereses de la carga mediante un seguro sobre lucro cesante.

A mi juicio, en este punto las RR son mejores para los intereses de la carga que las RHV, y por lo menos iguales que las RHb.

r. Límites indemnizatorios del transportador

Indudablemente, para los países que no son parte de las RHV o de las RHb y cuyo derecho interno no admite los límites indemnizatorios de la responsabilidad del transportador, las RR constituyen un retroceso, pues ellas sí consagran límites indemnizatorios a la responsabilidad del transportador. Hasta donde llegan mis conocimientos, este es el caso de Uruguay y de Brasil.

Del mismo modo, en el caso de Argentina, cuya Ley de Navegación 20.094 de 1973 toma varias disposiciones de las RHV, teniendo en cuenta que su jurisprudencia nacional ha desarrollado una interpretación de los límites indemnizatorios basados en el patrón oro, los límites consagrados en las RR resultan muy inferiores a los actualmente vigentes en su sistema jurídico[67].

Salvo los anteriores casos, los límites indemnizatorios de las RR (el mayor entre 875 DEG por bulto o unidad y 3 DEG por kg/bruto) son superiores a los de las RHV (el mayor entre 666,67 DEG por bulto o unidad y 2 DEG por kg/bruto) y a los de las RHb (el mayor entre 835 DEG por bulto o unidad y 2,5 DEG por kg/bruto). Esto representa un aumento de los límites indemnizatorios en un 31,25 %

---

67 *Cfr.* CHAMI, DIEGO. Convenio sobre el Contrato de Transporte de Mercaderías, total o parcialmente, Marítimo – Las Reglas de Rotterdam, p. 7.

en el límite calculado por bulto o unidad, y de un 50 % en el límite calculado con base en el peso de las mercancías, al compararlos con los límites de las RHV[68]. La unidad de cálculo (DEG) fue adoptada en 1979 en el sistema de las RHV mediante el Protocolo SDR de ese año; desde entonces el DEG ha aumentado en un 176 %[69].

s. Pérdida del derecho a los límites indemnizatorios del transportador

La redacción del art. 61 de las RR es idéntico a la del art. 8 de las RHb. La diferencia de ambos con lo consagrado en las RHV (art. 4.5.e) es que en este el transportador pierde el derecho al límite indemnizatorio si se demuestra que actuó con la intención de causar un daño o una pérdida cualquiera, o temerariamente y a sabiendas de que se podría causar un daño o una pérdida cualquiera a las mercancías transportadas. Por el contrario, con la redacción de las RHB y de las RR el derecho al límite indemnizatorio se pierde únicamente si se demuestra que el transportador actuó con la intención de causar el daño o la pérdida que efectivamente se produjo, o temerariamente y a sabiendas de que se podría causar el daño o la pérdida que efectivamente se produjo. Esta es la misma redacción que predomina en los modernos convenios internacionales marítimos, tales como el Convenio de Atenas sobre Transporte de Pasajeros y sus Equipajes de 1974[70] sobre responsabilidad en el transporte de pasajeros, en el Convenio de Londres sobre Limitación de la Responsabilidad derivada de

68 BERLINGIERI, FRANCESCO. A comparative analysis..., p. 32.

69 *Ibidem*, p. 33.

70 Convenio de Atenas sobre Transporte de Pasajeros y sus Equipajes, de 1974 (modificado en 1976, 1990 y 2002).

Reclamaciones Marítimas[71] y en el Convenio CLC de 1992[72] sobre Responsabilidad por los Daños derivados del derrame de Hidrocarburos.

Bajo esta redacción de las RR es mucho más difícil romper los límites indemnizatorios, pues se debe demostrar la intención o la probabilidad de que se produjera el daño o pérdida específico que efectivamente ocurrió, y no cualquier daño o pérdida. Esto representa un retroceso respecto del régimen de las RHV, pero es exactamente igual que lo consagrado en las RHb, así como en los demás convenios internacionales marítimos actualmente en vigencia.

t. Obligaciones y responsabilidad del cargador

Las RHV no contienen un título especial destinado a regular las obligaciones y las responsabilidades del cargador. Sin embargo, en varias de sus disposiciones se establecen obligaciones del cargador, en forma parcial y sin orden ni metodología que faciliten su aplicación. En cuanto a la responsabilidad del cargador, las RHV parten de un supuesto general de responsabilidad consagrado en el artículo 4.3, fundamentado en la culpa o negligencia del cargador, sus agentes o representantes; es decir, un régimen de responsabilidad subjetiva. Posteriormente, en el artículo 4.6, establece un régimen de responsabilidad objetiva del cargador por los daños causados al transportador por el embarque no consentido de mercancías peligrosas.

---

71 Convención Internacional relativa a la Limitación de Responsabilidad en Materia de Reclamaciones Marítimas, firmada en Londres el 19 de noviembre de 1976, art. 4.°

72 Convención Internacional sobre Responsabilidad Civil por Daños originados en Contaminación por Hidrocarburos de 1992.

Las RHb, a pesar de destinar su Parte III a la responsabilidad del cargador (arts. 12 y 13), no representan un avance significativo respecto de lo ya consagrado en las RHV. Igualmente, contemplan en su artículo 12 un principio general de responsabilidad subjetiva del cargador, sin aclarar si se trata de un régimen con culpa presunta, como el previsto en la misma convención para el transportador marítimo. Y posteriormente, en su artículo 13, regulan la responsabilidad del cargador por el embarque de mercancías peligrosas, en forma similar al régimen de las RHV, es decir, mediante un régimen de responsabilidad objetiva.

Las RR, por su parte, regulan en forma detallada, en su capítulo VII (arts. 27 a 34), tanto las obligaciones como la responsabilidad del cargador. En realidad, el régimen en ellas contenido no ofrece mayores diferencias respecto de lo consagrado en los dos convenios que las preceden (RHV y RHb); sus características son las siguientes:

- Consagra expresamente la obligación del cargador de embalar las mercancías, incluyendo la de estibarlas adecuadamente cuando estas van dentro de un contenedor (art. 27). Esta obligación del cargador (o remitente) es propia de todo contrato de transporte de cosas; se encontraba implícita en las RHV (al contemplar estas una exoneración de responsabilidad del transportador por mal embalaje – art. 4.2.n RHV); las RHb, en cambio, no tienen ninguna previsión al respecto, aunque reitero que la obligación de embalar las mercancías es, en todo contrato de transporte, una obligación del cargador (o remitente), situación que estimo no se ve alterada por el hecho de que las RHb no la contemplen expresamente. En este punto, entonces, no veo ninguna previsión de las RR que desmejore la posición de los intereses de la carga frente a los regímenes vigentes; por el contrario, creo que el art. 27 aporta claridad a la relación contractual de transporte.

• Luego se refiere a la obligación de suministrar al transportador instrucciones, información y documentos relativos a las mercancías, así como de garantizar su exactitud (arts. 29 y 31). Esta misma obligación existe en las RHV (art. 3.5) y en las RHb (art. 17.1). Las RR no incrementan las obligaciones del cargador en este aspecto y, por el contrario, introducen una ventaja a los intereses de la carga al señalar que el cargador debe suministrar las instrucciones, información y documentos sobre la carga que el transportador no pueda razonablemente obtener por otros medios (art. 29.1).

• Finalmente, en cuanto al embarque de mercancías peligrosas, el artículo 32 de las RR no hace otra cosa que reproducir el régimen contenido en el artículo 4.6 de las RHV y en el artículo 13 de las RHb, con la ventaja para los intereses de la carga de que las RR permiten al cargador demostrar que el transportador (o una parte ejecutante) tenía conocimiento del carácter peligroso de las mercancías, como medio para exonerarse de responsabilidad ante el incumplimiento de informar al transportador acerca de tal característica de la carga (art. 32.a RR).

A mi juicio, el régimen de responsabilidad del cargador es igual en las tres convenciones. Es un régimen subjetivo, fundamentado en la culpa, respecto de los daños causados al transportador por el incumplimiento de las obligaciones de embalar las mercancías y de suministrar información, instrucciones y documentos para su transporte; no obstante, las RR contienen una ventaja en el sentido de que el cargador podrá exonerarse si demuestra que el transportador podría haber obtenido dicha información, instrucciones y documentos por otro medio razonable (art. 29.1). Y es un régimen estrictamente objetivo, respecto de su obligación de informar sobre la peligrosidad de las mercancías; pero aquí nuevamente las RR contemplan una posibilidad de exoneración para el cargador, ausente en las RHV y en las RHb, consistente en la prueba de que el transportador tenía conocimiento, por algún otro conducto, de la naturaleza o de la peligrosidad de las mercancías (art. 32.b RR).

Las RR no consagran un límite indemnizatorio de la responsabilidad del cargador, como sí lo hacen respecto de la responsabilidad del transportador. Sin embargo, no es posible afirmar que esta es una desventaja de las RR frente a las RHV o las RHb, por cuanto estas tampoco contemplan límites indemnizatorios a la responsabilidad del cargador. Entonces, en este punto las RR tampoco desmejoran la situación legal de los intereses de la carga, pues mantienen la misma línea de los convenios que las preceden.

En mi opinión, no sería contrario al artículo 90 de las RR[73] buscar solución a este vacío del régimen de este nuevo convenio mediante la consagración de límites indemnizatorios a la responsabilidad del remitente, en la ley interna de cada país sobre el contrato de transporte en general, que sería aplicable en forma residual a los contratos de transporte marítimo y/o multimodal, a falta de previsión especial al respecto en sus regímenes particulares.

u. Jurisdicción

Las RHV no tienen ninguna previsión acerca de la jurisdicción competente para resolver las controversias entre las partes del contrato de transporte marítimo. La situación actual bajo este régimen es que los conocimientos de embarque, en sus cláusulas Paramount, con frecuencia prevén una jurisdicción exclusiva escogida obviamente

---

73 Art. 90 RR. No se podrán hacer reservas al presente Convenio.

por el transportador, y estas cláusulas suelen ser aceptadas por países como el Reino Unido y Estados Unidos. Frente a ellas, el cargador únicamente puede defenderse con base en las decisiones de sus propias cortes nacionales acerca de la nulidad de estas previsiones, y acudiendo, en jurisdicciones extranjeras, a la doctrina del "forum non conveniens". Por lo tanto, cualquier previsión al respecto en las RR constituye un avance frente a las RHV.

Las RHb, por su parte, señalan en su art. 21 las jurisdicciones competentes para conocer de las controversias originadas en el contrato de transporte[74], a elección del reclamante. Llamo la atención sobre la libertad que tiene el transportador de acordar, en el contrato de transporte, otro lugar como jurisdicción competente, lo cual podría prestarse a abusos de su parte frente a los intereses de la carga.

Las RR también establecen las jurisdicciones competentes para conocer de las demandas interpuestas contra el transportador; frente a las ya señaladas en las RHb, agregan el sitio en que el transportador recibe o en el que debe entregar las mercancías, cuando estos sean diferentes al puerto de embarque o de desembarque (transporte multimodal).

Las RR –al igual que las RHb– también contemplan la posibilidad de que en el contrato de transporte se estipulen acuerdos de jurisdicción competente, pero estos solo son posibles en el marco de un contrato de volumen; es decir que, frente a lo consagrado en las RHb, se restringe la posibilidad de pactar acuerdos de jurisdicción, por cuanto los contratos de volumen están sujetos al cumplimiento

---

74 El puerto de embarque, el puerto de descargue, el domicilio principal del transportador, el lugar de celebración del contrato, o cualquier otro lugar designado para el efecto en el contrato de transporte.

de condiciones especiales para su validez y para su oponibilidad frente a terceros (consignatario/tenedor legítimo del documento de transporte).

Se ha dicho que el capítulo de jurisdicción es de adopción voluntaria por los países ratificantes de las RR por cuanto es excesivamente perjudicial para los intereses de la carga. Particularmente, considero que las normas sobre jurisdicción de las RR son prácticamente iguales que las de las RHb, e incluso aquellas, mediante los controles establecidos para los contratos de volumen, producen una mayor protección a los intereses de la carga. Coincido con la opinión de comentaristas que atribuyen dicha libertad para adoptar o no el capítulo sobre jurisdicción, al hecho de que la materia es regulada por las normas comunitarias europeas, lo que impediría que los países de dicho continente adoptaran individualmente dichas provisiones[75].

A mi juicio, las normas sobre jurisdicción en las RR implican que aun si un país –por ejemplo, uno latinoamericano– no las ratifica, pero existe un contrato de transporte desde o hacia un país que sí las haya ratificado, el transportador puede legítimamente hacer valer los foros previstos en el convenio frente a una demanda del reclamante en el puerto de descargue o en el sitio de destino, mientras que este no podría hacer lo mismo por no ser su país parte del convenio. Al verse obligado a acudir a un foro extranjero, de un país que sí haya ratificado las RR, la reclamación se regirá por el nuevo convenio y no sería posible invocar las disposiciones de la ley nacional del reclamante.

Por tal motivo, en mi opinión, no resulta conveniente que países de Latinoamérica –como es el caso de

---

75 *Cfr.* Berlingieri, Francesco. A comparative analysis..., p. 46; Sturley, Michael F. The Uncitral Carriage of Goods Convention: Changes to Existing Law; *CMI Yearbook 2007–2008*, p. 258.

Colombia– continúen absteniéndose de ratificar los convenios internacionales que regulan el contrato de transporte marítimo de mercancías, pretendiendo que dicho contrato sea siempre regulado por sus normas internas (en el caso de Colombia, por el Código de Comercio), aun si el litigio se desarrolla en una jurisdicción extranjera pues, a mi juicio, dicha pretensión es a todas luces impracticable, máxime con el posible advenimiento en vigencia de las RR.

Para solucionar el riesgo de la imposición de foros jurisdiccionales extranjeros, el autor recomienda ratificar las Reglas de Rotterdam, sin adoptar su capítulo 14 sobre jurisdicción. En lugar de ello, en la misma ley en la que se ratifique el convenio propongo consagrar una norma de carácter imperativo en el sentido de que las acciones derivadas de los contratos amparados por este convenio sean de obligatorio conocimiento por parte de la jurisdicción colombiana, al menos respecto de la carga de importación.

v. Arbitraje

Las RHV tampoco prevén ninguna disposición sobre arbitraje. Por lo tanto, al igual que en el caso de la jurisdicción competente, queda a la libertad de las partes celebrar un pacto arbitral. Esto implica que si el conocimiento de embarque incluye una cláusula compromisoria, esta generalmente tendrá carácter vinculante para el cargador y los terceros tenedores legítimos de dicho documento de transporte. Ello, por supuesto, va en detrimento de los intereses de la carga, pues pueden verse compelidos a acudir a un tribunal arbitral, por lo general en el exterior, con los costos y los riesgos legales que ello supone. Por lo tanto, nuevamente, cualquier provisión al respecto en las RR constituye una ventaja para los intereses de la carga.

Las RHb prevén la posibilidad de que las partes pacten arbitraje, el cual tendrá como sede cualquiera de los sitios como foros válidos de jurisdicción en las mismas reglas, o en cualquier otro sitio acordado en el contrato como sede del arbitraje (art. 22); este último pacto no está sujeto a restricción alguna en protección a los intereses de la carga.

Bajo las RR (art. 75), por el contrario, los pactos acerca de la sede de un arbitraje, distinta a los foros jurisdiccionales legítimos conforme al convenio, solo están permitidos en el marco de un contrato de volumen, y por ende, sujeto a las restricciones propias de dichos contratos que buscan proteger los intereses del cargador. Del mismo modo, dichos pactos arbitrales únicamente podrán ser oponibles frente a terceros (consignatario, tenedor legítimo del documento de transporte) cuando se hayan cumplido los requisitos de información previstos en el art. 75.4 de las RR. Estas normas de protección no están presentes en las RHb.

Al igual que en las normas relativas a la jurisdicción, el capítulo de arbitraje es optativo para los países ratificantes de las RR. Sin embargo, si un país latinoamericano no ratifica las RR, pero surge un conflicto respecto de un contrato con origen o destino en un país que sí las ratificó, incluyendo las normas de arbitraje, el reclamante nacional o residente en el país latinoamericano podría verse obligado a acudir al arbitraje convocado conforme a las RR, y la reclamación se regiría por dicho convenio y no por su ley interna.

En consecuencia, reitero mi opinión en el sentido de que, frente a las RR, no resulta conveniente que un país latinoamericano se abstenga de ratificar alguno de los convenios internacionales sobre el contrato de transporte marítimo de mercancías, confiando en la protección que le brinda el régimen contenido en su ley interna.

En el mismo sentido antes mencionado en cuanto al capítulo de jurisdicción, recomiendo que Colombia ratifique las Reglas de Rotterdam, pero sin adoptar su capítulo 14 sobre arbitraje. En su lugar, propongo que en la misma ley en la que se ratifique el convenio se haga una remisión a la Ley 1563 de 2012, que contiene el Estatuto de Arbitraje Nacional e Internacional, que es una regulación moderna e integral sobre la materia, tanto para el arbitraje nacional como para el arbitraje internacional, cuyas reglas resultarían aplicables en los casos de contratos de transporte sujetos a las Reglas de Rotterdam que incluyan una cláusula compromisoria.

w. Prescripción de la acción

La prescripción en las RHV es de un año (art. 3.6 RHV), pero se trata de una prescripción únicamente respecto de las acciones del cargador y del destinatario contra el transportador; por lo tanto, bajo las RHV no hay un plazo de prescripción corta respecto de las acciones que el transportador puede interponer contra el cargador y el consignatario, las cuales se regirán por la ley nacional aplicable al contrato, o por la ley del foro jurisdiccional donde se interponga dicha acción; esto, a mi juicio, constituye una desventaja para los intereses de la carga. En las RHb el plazo de prescripción se extiende a 2 años (art. 20 RHb), y rige para todas las acciones que puedan surgir del contrato de transporte. Bajo ambos convenios es posible extender el plazo de prescripción, mediante acuerdo con la parte contra quien se dirige la acción.

Las RR también establecen un plazo de prescripción de 2 años (art. 62 RR), que igualmente rige para todas las acciones derivadas del contrato de transporte, es decir, el plazo de prescripción corta no beneficia solo al transportador, sino también a los intereses de la carga. Las RR señalan expresamente que este plazo de prescripción no puede ser objeto de interrupción ni de suspensión, pero sí puede ser prorrogado por la parte contra quien se dirige la demanda, siempre que dicho acuerdo se haga antes de vencer el plazo de prescripción de la acción (art. 63). Transcurrido el mismo, a mi juicio, operaría únicamente la figura de renuncia a la prescripción, de acuerdo con la ley interna del país donde se esté adelantando el proceso judicial, o de la ley aplicable al procedimiento arbitral.

Estimo que las normas de prescripción de las RR son tan beneficiosas para los intereses de la carga como las RHb, pero las RR consagran una importante ventaja adicional, cual es la posibilidad de abrir nuevamente el plazo de prescripción de una acción cuando conforme al artículo 37.2 se identifique al verdadero transportador. En efecto, conforme al artículo 65, si durante una reclamación dirigida contra el propietario registral de la nave transportadora, o contra su arrendatario, estos identifican al verdadero transportador, aún después de vencido el término de prescripción de 2 años, el reclamante podrá válidamente dirigir la acción contra dicho transportador así identificado, para lo cual tendrá un plazo adicional de 90 días, o el plazo mayor que permita la ley del foro donde se inicia el procedimiento.

x. Contratos de volumen

Los contratos de volumen son definidos como un contrato de transporte que prevea el envío de una cantidad determinada de mercancías en diferentes despachos, durante un período de tiempo, estableciendo mínimos, máximos o márgenes entre ellos (art. 1.2 RR).

El principio general de la inoperatividad del régimen de las RR está sometido a una importante excepción en los contratos de volumen, en los que el porteador puede pactar con el cargador obligaciones o responsabilidades mayores o menores que las establecidas en el convenio, siempre y cuando dicho contrato cumpla con las siguientes condiciones (art. 80.1/2/3 RR):

- Que el contrato señale visiblemente que se han incluido condiciones distintas a las de las RR.
- Que haya sido individualmente negociado o señale visiblemente los cambios.
- Que se haya dado al cargador la oportunidad de celebrar un contrato sujeto al contenido de las RR.
- Que no se hagan los cambios por remisión a otro contrato.
- Que no sea contrato de adhesión.

En todo caso, en los contratos de volumen no pueden modificarse las siguientes obligaciones mínimas (art. 80.4 RR):

- Por parte del transportador:

– La obligación de hacer el buque navegable, la cual bajo las RR es una obligación continua durante todo el viaje, es decir que no que termina en el momento del zarpe, como ocurre en el régimen de las RHV.

– La pérdida del derecho a invocar los límites indemnizatorios en caso de culpa grave o dolo.

- Y por parte del cargador:

– La obligación de suministrar información sobre las mercancías y garantizar su exactitud y suficiencia.

– La obligación de no embarcar mercancías peligrosas sin el consentimiento del transportador.

Esta significativa excepción a la imperatividad del convenio constituye una de sus principales críticas, por cuanto podría prestarse a abusos por parte de los transportadores, regresando así a la época de la libertad contractual que permitió la inserción de exageradas exoneraciones de responsabilidad por parte del naviero en sus conocimientos de embarque, antes del Harter Act de 1893 de los Estados Unidos de América, situación que produjo como reacción, precisamente, la elevación a convenio internacional de las Reglas de La Haya en 1921.

La libertad contractual prevista para los contratos de volumen constituye, sin duda, una de las cuestiones que el sector privado y las autoridades de cada país deben analizar para decidir si les resulta conveniente ratificar el nuevo convenio, o por el contrario adoptar el sistema de las RHV, o bien medidas legislativas internas para evitar esta consecuencia.

Al respecto, debe tenerse en cuenta que las RR, además de las condiciones señaladas para la validez de los contratos de volumen, prevén un mecanismo de protección a los intereses de terceros (art. 80.5 RR), restringiendo los casos en que las condiciones pactadas en dichos contratos le puedan ser oponibles a una persona distinta del cargador solamente cuando dicho tercero (cargador documentario, parte controladora, destinatario o tenedor legítimo del documento de transporte):

- Haya recibido información visible de que el contrato de transporte contiene los cambios que permiten los contratos de volumen.
- Haya consentido expresamente sobre ellos.
- Su consentimiento no obre solamente en una lista de precios, en las condiciones generales de servicio o en el documento de transporte.

Nuevamente, a mi juicio, este aspecto de las RR será la semilla de litigios y controversias que serán resueltas conforme a la legislación nacional de cada Estado y bajo el criterio de sus jueces o árbitros.

En tal sentido, si Colombia opta por ratificar las RR, haría bien en reforzar sus normas internas sobre contratos de adhesión y cláusulas contractuales abusivas aplicables al contrato de transporte de mercancías, pues solamente ellas constituyen el elemento que permitirá defender los intereses de la carga de los potenciales abusos que pueden representar los contratos de volumen. Al respecto, no se debe olvidar que el contrato de transporte, por muy especializado que sea su régimen particular, es en todo caso un contrato y como tal está sometido a las normas generales aplicables a las obligaciones y responsabilidades contractuales.

4. Vigencia

Las Reglas de La Haya entraron en vigencia internacional el 2 de junio de 1931; su Protocolo de Bruselas de 1968 entró en vigencia internacional el 23 de junio de 1977; y su Protocolo SDR de 1979 entró en vigencia internacional el 14 de febrero de 1984.

Las Reglas de Hamburgo entraron en vigencia internacional del 1.° de noviembre de 1992.

Las Reglas de Rotterdam aún no han entrado en vigencia internacional.

5. Países iberoamericanos que son parte de las Reglas de La Haya-Visby, las Reglas de Hamburgo o las Reglas de Rotterdam

• Países iberoamericanos que han ratificado o adherido a las Reglas de La Haya-Visby: El 60 % de los países de Latinoamérica no han ratificado ninguno de los convenios internacionales vigentes sobre el contrato de transporte marítimo de mercancías (Reglas de La Haya, Reglas de La Haya-Visby, Reglas de Hamburgo). Las Reglas de La Haya han sido ratificadas por Argentina, Bolivia, Cuba y Perú[76]. Las Reglas de La Haya-Visby, por Ecuador. México ratificó las Reglas de La Haya-Visby con el Protocolo SDR de 1979.

- Países iberoamericanos que han ratificado las Reglas de Hamburgo: han sido ratificadas por Chile, Paraguay y República Dominicana.
- País iberoamericano que ha ratificado o adherido a las Reglas de Rotterdam: España.

6. *Conclusión*

Colombia no ha suscrito, ni ha adherido, a ninguno de los convenios internacionales que regulan el contrato de transporte marítimo de mercancías, como son las Reglas de La Haya, las Reglas de La Haya-Visby, las Reglas de Hamburgo y las Reglas de Rotterdam.

Las Reglas de Rotterdam aún no han reunido las 20 ratificaciones de países que necesita para entrar en vigencia internacional. Sin embargo, algunos países ya han empezado a introducirlas en su legislación interna para darles aplicación mientras ello sucede (es el caso de Holanda y de Suecia). Es el convenio más reciente y moderno sobre el contrato de transporte marítimo internacional de mercancías; además, es el único que contempla los documentos de transporte electrónicos (necesidad apremiante ante los retos de la pandemia del covid-19) y la relación del contrato de transporte marítimo con los contratos de compraventa

76 En el 2020, Perú denunció las Reglas de La Haya, y en el año 2021 ratificó las Reglas de Hamburgo; sin embargo, en el momento de entregar este escrito para su publicación, dichas denuncia y ratificación, respectivamente, no se habían hecho efectivas, por aplicación de las mismas normas de cada convenio sobre el procedimiento y la efectividad de la denuncia y de la ratificación.

internacional de mercancías y de financiación de operaciones de comercio exterior. Este nuevo convenio también resulta aplicable al contrato de transporte multimodal que tenga un trayecto marítimo internacional, así como a los *freight forwarders* (agentes de carga internacional) y a la responsabilidad de puertos y operadores portuarios por la manipulación de mercancías.

La comunidad marítima internacional espera que las Reglas de Rotterdam en los próximos años reemplacen a los convenios existentes sobre la materia (Reglas de La Haya, Reglas de La Haya-Visby y Reglas de Hamburgo), y así lograr la tan anhelada unificación y armonización de la regulación internacional sobre este contrato, de vital importancia para el sector de transporte marítimo.

En mi opinión, el paso correcto que se debe seguir en esta materia es ratificar las Reglas de Rotterdam y, al mismo tiempo, introducir una modificación a la legislación interna (mediante modificación del Código de Comercio) en la que se adopte el texto integral de las Reglas de Rotterdam como regulación interna del contrato de transporte marítimo de mercancías, para que la regulación internacional de este contrato sea igual a su regulación en el ámbito nacional[77].

---

77 En el paquete de reformas normativas elaborado con ocasión del Plan Maestro de Transporte Intermodal II (2016) se presentaron dos proyectos de ley, uno mediante el cual se ratifican las Reglas de Rotterdam (Convenio Internacional sobre el Contrato de Transporte Internacional de Mercancías total o parcialmente marítimo de 2008 – Uncitral), y otro mediante el cual se reforma integralmente la regulación del contrato de transporte en el Código de Comercio, incluyendo la incorporación textual de las Reglas de Rotterdam a dicho código, para que la regulación internacional de este contrato sea igual a su regulación en el ámbito nacional. En el Informe de la Comisión de Expertos en Infraestructura (2019) se formula una recomendación similar. Ambas reformas normativas también han sido contempladas en los Documentos Conpes 3579 de 2013 y 3990 de 2020 (este

Al ratificar las Reglas de Rotterdam y, al mismo tiempo, tramitar un proyecto de ley que modifique la regulación del contrato de transporte en el Código de Comercio e incorpore textualmente las Reglas de Rotterdam al ordenamiento jurídico colombiano[78], el régimen previsto en este convenio puede ser inmediatamente aplicable, mientras adquiere vigencia internacional. Y cuando ello ocurra no habrá solución de continuidad, ni problemas de transición regulatoria al entrar en vigor el convenio.

Esto fue lo mismo que hizo Chile con las Reglas de Hamburgo (Convenio ONU de 1978), las cuales entraron en vigencia internacional hasta 1992. En 1982 (10 años antes), Chile ratificó las Reglas de Hamburgo y en 1988 las incorporó al Libro III de su Código de Comercio, año desde el cual las ha estado aplicando. Y, debido a esta estrategia, cuando el convenio adquirió vigencia internacional en 1992, no hubo necesidad de crear ningún régimen de transición.

Se trata de una estrategia más práctica y efectiva, pues permitiría aplicar de inmediato el moderno régimen legal de las Reglas de Rotterdam, mientras entran en vigencia internacional. Y el caso de Chile con las Reglas de Hamburgo es un ejemplo exitoso de esta estrategia.

Por lo tanto, recomiendo adoptar las siguientes medidas de reformas normativas en relación con la regulación del contrato de transporte marítimo nacional e internacional de mercancías:

último, en general, sobre la necesidad de ratificar convenios e instrumentos internacionales en el sector marítimo).

78 El proyecto de ley que modifica la regulación del contrato de transporte en el Código de Comercio también contempla normas sobre el contrato de transporte multimodal, el contrato de agenciamiento de carga, el contrato de servicios logísticos y el contrato de manipulación de mercancías en puertos y terminales.

- Ratificar las Reglas de Rotterdam sin los capítulos de jurisdicción y de arbitraje, para evitar la aplicación de las cláusulas de elección de foro extranjero y de ley extranjera (cláusulas Paramount) que suelen tener los conocimientos de embarque.
- Modificar integralmente la regulación del contrato de transporte en el Código de Comercio incorporando las Reglas de Rotterdam en la legislación nacional y agregando normas sobre el contrato de transporte terrestre de carga, el contrato de transporte multimodal, el contrato de agenciamiento de carga, el contrato de servicios logísticos y el contrato de manipulación de mercancías en puertos y terminales.

Con estas dos medidas se avanzará notablemente en la modernización de la legislación colombiana en materia de contratos de transporte de mercancías, para ponerla a tono con las tendencias actuales y las prácticas modernas de la digitalización, la logística y el comercio internacional.

B. Convenio Internacional relativo al Transporte de Pasajeros y sus Equipajes por Mar, hecho en Atenas el 13 de diciembre de 1974, y Protocolo de 2002 (PAL 74 Protocolo 2002)

Este convenio establece un régimen uniforme de responsabilidad por los daños sufridos por los pasajeros transportados en un buque de navegación marítima. Fue elaborado con el fin de actualizar y consolidar dos convenios anteriores sobre la materia hechos en Bruselas en 1961 y 1967. Del mismo modo que existe un régimen uniforme para el transporte de mercancías por mar, el objetivo de este convenio es consagrar un régimen internacional uniforme para el transporte de pasajeros por mar.

El convenio original fue aprobado el 13 de diciembre de 1974 y adquirió vigencia internacional el 28 de abril de 1987. En 1976 se aprobó un primer protocolo que introdujo los derechos especiales de giro del Fondo Monetario Internacional (DEG) como unidad para calcular los límites indemnizatorios de la responsabilidad del transportador, la cual se basa en un régimen de responsabilidad subjetiva (por culpa del transportador) en el convenio original de 1974. Los protocolos anteriores fueron reemplazados por el actual Protocolo de 2002, que fue aprobado el 1 de noviembre de 2002 y entró en vigencia internacional del 23 de abril de 2014.

El convenio original de 1974 establece un principio de responsabilidad basado en la culpa del transportador, la cual se presume en ciertos eventos. Su artículo 3.º dispone que el transportador es responsable del perjuicio originado por la muerte o las lesiones corporales de un pasajero, y por la pérdida o daños sufridos por el equipaje, si el suceso que ocasionó el perjuicio ocurrió durante la realización del transporte y es imputable a culpa o a negligencia del transportista o de sus empleados o agentes si estos actuaron en el desempeño de sus funciones. En principio, la carga de la prueba recae en el reclamante, pero también se consagra que se presumirán la culpa o la negligencia del transportista o las de sus empleados o agentes cuando estos hayan actuado en el desempeño de sus funciones, si la muerte o las lesiones corporales del pasajero o la pérdida o daños sufridos por su equipaje de camarote han sido resultado directo o indirecto de naufragio, abordaje, varada, explosión, incendio o deficiencia del buque. Respecto de la pérdida o daños sufridos por equipajes de otro tipo, salvo prueba en contrario, se presumirán dichas culpa o negligencia, con independencia de la naturaleza del suceso que ocasionara la pérdida o daños. En cualquier otro caso incumbirá al demandante demostrar que hubo culpa o negligencia.

El transportador puede limitar su responsabilidad por la muerte o lesiones de un pasajero hasta una suma equivalente a 46.666 DEG. El límite indemnizatorio por daños a equipajes que se encuentren dentro del camarote es de 833 DEG, por equipajes que no estén en el camarote el límite es de 1.200 DEG y los daños a vehículos tienen un límite de 3.333 DEG (Protocolo de 1976).

El Protocolo de 2002 introduce un cambio significativo en el régimen de responsabilidad del transportador y aumenta los límites indemnizatorios, pues consagra su responsabilidad objetiva por la muerte y lesiones del pasajero, que no excedan 250.000 DEG, en sucesos relacionados con la navegación. El convenio establece que los sucesos originados en la navegación son naufragio, zozobra, abordaje, varada, explosión, incendio o deficiencia del buque. El transportador únicamente puede exonerar su responsabilidad si demuestra que el evento dañino fue causado por un acto de guerra, hostilidades, guerra civil, insurrección o un fenómeno natural de carácter excepcional, inevitable e irresistible; o que fue totalmente causado por una acción u omisión intencionada de un tercero. Si el reclamo excede la suma equivalente a 250.000 DEG, entonces el régimen de responsabilidad aplicable es subjetivo y el transportador puede exonerarse demostrando que no hubo culpa o negligencia de su parte; en estos casos, el límite indemnizatorio del transportador asciende a 400.000 DEG.

El Protocolo de 2002 también aumenta los límites indemnizatorios por daños a equipaje y vehículos; el límite indemnizatorio por daños a equipajes que se encuentren dentro del camarote es de 2.250 DEG, por equipajes que no estén en el camarote el límite es de 3.375 DEG y los daños a vehículos tienen un límite de 12.700 DEG (Protocolo de 2002).

El carácter imperativo del régimen de responsabilidad y los límites indemnizatorios es expresamente consagrado en el artículo 18 del convenio, modificado por el Protocolo de 2002.

Sobre el principio de responsabilidad, el Protocolo de 2002 introduce el siguiente texto del artículo 3.º del Convenio de Atenas:

> Artículo 3º. Responsabilidad del Transportista.
>
> 1. El transportista será responsable de las pérdidas originadas por la muerte o las lesiones de un pasajero causadas por un suceso relacionado con la navegación, en la medida en que tales pérdidas no excedan de 250 000 unidades de cuenta por dicho pasajero en cada caso concreto, a menos que el transportista demuestre que el suceso:
>
> a) resultó de un acto de guerra, hostilidades, guerra civil, insurrección o un fenómeno natural de carácter excepcional, inevitable e irresistible; o
>
> b) fue totalmente causado por una acción u omisión intencionada de un tercero para causarlo.
>
> Si tales pérdidas exceden de ese límite, y en la medida en que lo hagan, el transportista será también responsable, a menos que demuestre que el suceso que originó las pérdidas no es imputable a su culpa o negligencia.
>
> 2. El transportista será responsable de las pérdidas originadas por la muerte o las lesiones de un pasajero causadas por un suceso no relacionado con la navegación, si el suceso que originó la pérdida es imputable a la culpa o negligencia del transportista. La carga de la prueba de tal culpa o negligencia recae en el demandante.

3. El transportista será responsable de las pérdidas originadas por la pérdida o daños sufridos por el equipaje de camarote si el suceso que originó las pérdidas es imputable a su culpa o negligencia. Se presumirá la culpa o negligencia del transportista cuando las pérdidas hayan sido resultado de un suceso relacionado con la navegación.

4. El transportista será responsable de las pérdidas originadas por la pérdida o daños sufridos por el equipaje que no sea de camarote, a menos que demuestre que el suceso que originó las pérdidas no es imputable a su culpa o negligencia.

5. A los efectos del presente artículo:

a) por "suceso relacionado con la navegación" se entiende naufragio, zozobra, abordaje, varada, explosión, incendio o deficiencia del buque;

b) por "culpa o negligencia del transportista" se entiende también la de sus empleados o agentes, si éstos actuaron en el desempeño de sus funciones;

c) por "deficiencia del buque" se entiende cualquier funcionamiento defectuoso, fallo o incumplimiento de las reglas de seguridad aplicables con respecto a cualquier parte del buque o de su equipo que se utilice para el escape, la evacuación, el embarco y el desembarco de los pasajeros; o que se utilice para la propulsión, el gobierno, la seguridad de la navegación, el amarre, el fondeo, la llegada o la salida de un puesto de atraque o fondeadero, o la contención de la avería después de inundación; o que se utilice para la puesta a flote de los dispositivos de salvamento; y

d) por "pérdidas" no se entenderán los daños punitivos o ejemplares.

6. La responsabilidad del transportista en virtud del presente artículo se extiende solamente a las pérdidas originadas

por sucesos acaecidos durante el transporte. La carga de la prueba de que el suceso causante de las pérdidas ocurrió durante el transporte, y de la magnitud de las pérdidas, recae en el demandante.

7. Nada de lo dispuesto en el presente Convenio irá en perjuicio de los derechos del transportista de presentar un recurso contra terceros ni de alegar negligencia concurrente en virtud de lo dispuesto en el artículo 6 del presente Convenio. Nada de lo dispuesto en el presente artículo irá en perjuicio de los derechos de limitación de la responsabilidad contemplados en los artículos 7 y 8 del presente Convenio.

8. Ni la presunción de la culpa o negligencia de una parte ni el hecho de que la carga de la prueba recaiga en una parte impedirán que se presenten pruebas a favor de dicha parte.

Tanto en el Convenio de Atenas original de 1974, como conforme a su Protocolo de 2002, el transportador pierde el derecho a limitar su responsabilidad solamente si se demuestra que actuó con la intención de causar esos daños, o temerariamente y a sabiendas de que probablemente los causaría. Al respecto, el artículo 13 del convenio (no modificado por el Protocolo de 2002) dice:

Artículo 13. Pérdida del derecho de limitación de la responsabilidad.

1. El transportista no podrá acogerse al beneficio de los límites de responsabilidad prescritos en los artículos 7 y 8 y en el párrafo 1 del artículo 10, si se demuestra que los daños fueron consecuencia de un acto o de una omisión del transportista, obrando éste con la intención de causar esos daños o temerariamente y a sabiendas de que probablemente causaría tales daños.

2. El empleado o agente del transportista o del transportista ejecutor no podrán acogerse al beneficio de tales límites si se

> demuestra que los daños fueron consecuencia de un acto o de una omisión de dichos empleados o agente, si éstos obraron con la intención de causar esos daños o temerariamente y a sabiendas de que probablemente se causarían tales daños.

El Protocolo de 2002 establece un seguro obligatorio para cubrir los pasajeros de los buques. El nuevo artículo 4 bis exige a las compañías de transporte mantener un seguro u otra garantía financiera, tales como una garantía bancaria o de una institución financiera similar, para cubrir los límites de responsabilidad objetiva en el marco del convenio con respecto a la muerte y lesiones de los pasajeros. El límite del seguro obligatorio u otra garantía financiera no será inferior a 250.000 derechos especiales de giro (DEG) por pasajero en cada caso concreto. Los buques están obligados a portar un certificado que acredite la existencia de este seguro obligatorio, el cual será expedido por la autoridad competente del Estado miembro del convenio donde se encuentre matriculado el buque, o de cualquier otro Estado miembro del convenio si el buque no está matriculado en un Estado miembro.

El protocolo también incluye un "opt-out", cláusula que permite a los Estados Parte mantener o introducir límites más altos de responsabilidad (o una responsabilidad ilimitada) en el caso de los transportistas que están sujetos a la jurisdicción de sus tribunales.

Así mismo, el protocolo introduce un nuevo procedimiento para la modificación de los límites de responsabilidad en virtud del convenio, de modo que cualquier futura alza en los límites puede ser alcanzada más fácilmente. En el marco del Convenio de 1974, los límites solo pueden ser planteados por la adopción de enmiendas al convenio que exijan un determinado número de aceptaciones de los Estados a las enmiendas en vigor. Esto ha significado, por ejemplo, que el Protocolo de 1990, que tenía la intención de elevar los límites, no ha entrado todavía en vigor y, de hecho, está siendo reemplazado por el Protocolo de 2002.

El Protocolo de 2002 introduce un procedimiento de aceptación tácito para aumentar los límites de la responsabilidad. Una propuesta de modificación de los límites, según lo solicitado por lo menos por la mitad de las Partes en el Protocolo, se distribuirá a todos los Estados Miembros de la OMI y las Partes y otros Estados; a continuación, se debatirá en el Comité Jurídico de la OMI. Las enmiendas se adoptarán por mayoría de dos tercios de los Estados Parte en la Convención enmendada por el Protocolo presentes y votantes en el Comité Jurídico, y las enmiendas entrarán en vigor 18 meses después de su fecha de aceptación considerada. Esta fecha sería de 18 meses después de la adopción, a menos que en ese periodo no menos de una cuarta parte de los Estados que eran Estados Parte en el momento de la adopción de la enmienda hayan comunicado al Secretario General de la a la OMI que no aceptan la enmienda.

Por primera vez en un convenio de la OMI, una organización regional de integración económica podrá firmar el protocolo (como por ejemplo, la Comunidad Andina). El artículo 19 (introducido en el protocolo) establece que una Organización Regional de Integración Económica, la cual está constituida por Estados soberanos que han transferido competencias en determinadas materias reguladas por el protocolo a la Organización, podrá firmar, ratificar, aceptar, aprobar o adherirse al protocolo. Una organización regional de integración económica que es parte en el protocolo tendrá los mismos derechos y obligaciones de un Estado Parte, en la medida en que la Organización Regional de Integración Económica tenga competencia sobre las materias reguladas por el protocolo.

El protocolo establece que los artículos 1 a 22 del convenio revisado por el protocolo, junto con los artículos 17 a 25 del protocolo y su anexo, constituirán en su conjunto el texto completo del convenio, el cual se denominará como el Convenio de Atenas relativo al transporte de pasajeros y sus equipajes por mar, 2002.

Los Estados que ratifiquen el protocolo de 2002 están obligados a denunciar la convención de 1974 y sus protocolos de 1976 y 1990, si son partes en la convención de 1974 y de los protocolos.

El plazo de prescripción de las acciones derivadas de la muerte o lesión del pasajero, o de la pérdida o daño de su equipaje, es de dos años (art. 16 Convenio de Atenas de 1976).

En cuanto a los tribunales competentes, el Protocolo de 2002 introdujo cambios al artículo 17 del convenio original, otorgando varias opciones al pasajero, de la siguiente manera:

> Artículo 17. Jurisdicción competente
>
> 1. Las acciones que puedan incoarse en virtud de los artículos 3 y 4 del presente Convenio serán entabladas, a elección del demandante, ante uno de los tribunales citados a continuación, a condición de que el tribunal se encuentre en un Estado Parte en el presente Convenio y sujeto a la legislación interna del Estado Parte mediante la que se regule la jurisdicción debida en los Estados con posibles jurisdicciones múltiples:
>
> a) el tribunal del Estado de residencia habitual o del establecimiento principal del demandado; o
>
> b) el tribunal del Estado de partida o del de destino señalados en el contrato de transporte; o

c) el tribunal del Estado en que se encuentren el domicilio o la residencia habitual del demandarte si el demandado tiene un establecimiento en ese Estado y está sujeto a su jurisdicción; o

d) el tribunal del Estado en que se concertó el contrato de transporte si el demandado tiene un establecimiento en ese Estado y está sujeto a su jurisdicción.

2. Las acciones que puedan incoarse en virtud del artículo 4bis del presente Convenio serán entabladas, a elección del demandante, ante uno de los tribunales competentes para entender en acciones interpuestas contra el transportista o el transportista ejecutor, según lo dispuesto en el párrafo 1.

3. Después de ocurrido el suceso causante del daño, las partes podrán acordar que el litigio sea sometido a la jurisdicción de cualquier tribunal o a arbitraje.

1. Vigencia

El Convenio PAL 74 entró en vigencia internacional el 30 de abril de 1989.

El Protocolo de 2002 entró en vigencia internacional el 23 de abril de 2014.

2. Países iberoamericanos que han adherido o han ratificado el Convenio PAL 74 y su Protocolo de 2002

Argentina (PAL 74 y Protocolo de 1976), España (denuncia PAL 74 y ratifica Protocolo 2002) y Portugal (Protocolo 2002).

3. Conclusión

Colombia no es signataria del Convenio PAL 74 ni de su Protocolo de 2002, ni ha adherido a ellos.

Recomiendo adherir a este convenio y a su Protocolo modificatorio de 2002, pues constituye una herramienta uniforme que adquiere importancia para que Colombia siga consolidándose como destino de cruceros. En efecto, para los armadores de esta industria, y sus clubes de protección e indemnización, es muy importante saber que el país haya adherido a las reglas internacionalmente aceptadas para determinar su responsabilidad por el transporte de pasajeros.

V. Otras materias

A. Convenio para la Unificación de Ciertas Reglas en Materia de Abordaje, hecho en Bruselas el 23 de septiembre de 1910 (abordaje 1910)

El abordaje es quizás uno de los riesgos de más alto impacto en la navegación de embarcaciones y uno de los más regulados a escala internacional. El Convenio para la Unificación de Ciertas Reglas en Materia de Abordaje establece los parámetros de indemnización, los casos en los cuales se haya producido el abordaje y la responsabilidad de las partes, entre otros aspectos; y establece en su primer artículo en relación con la ley aplicable para las partes en caso de abordaje que "las indemnizaciones que correspondan en atención a los daños causados a los buques, a las cosas o personas que se encuentren a bordo, quedan reglamentados de acuerdo con las disposiciones siguientes, sin que para ello sea de tomarse en cuenta las aguas en donde se hubiese producido el abordaje"[79].

---

79 Organización de las Naciones Unidas, Convención para la Unificación de Ciertas Reglas en Materia de Abordaje y Protocolo de Firma; Bruselas, 1910.

Se resalta que el Convenio para la Unificación de Ciertas Reglas en Materia de Abordaje, celebrado en Bruselas el 23 de septiembre de 1910, es el primer convenio internacional que unificó las reglas en materia de abordaje, y el cual entró en vigor el 1.º de marzo de 1913.

Por medio de este convenio sobre el abordaje se introdujo la idea de tener que regular de manera uniforme las reglas en materia de auxilios y salvamentos marítimos en el momento del acaecimiento de un abordaje.

La gran importancia de este convenio sobre abordaje de 1910 ha sido la implementación de tres tipos de normas para regular los casos de abordaje, por todos los Estados parte, a saber: (i) Las primeras son entendidas como "normas programáticas", las cuales tratan los temas de fondo e identifican las diferentes clases de abordaje y las responsabilidades respectivas. (ii) El segundo tipo de normas introducidas son las "normas impositivas o autoejecutivas", las cuales imponen a los tribunales correspondientes la aplicación de determinados principios y lineamientos al juzgar casos de abordaje. Por último, (iii) el tercer tipo de normas son las "normas dirimentes o remisorias", las cuales son incluidas en el convenio de abordaje, con el fin de poder remitir a otros ordenamientos legales la solución del juzgamiento que se debería aplicar en ciertos casos.

Así mismo, este convenio delimitó su ámbito de aplicación, tanto material como formalmente. Materialmente, se determinó que este no es aplicable para los casos en los que las embarcaciones involucradas pertenecen a un mismo Estado. Sin perjuicio de lo anterior, determina que la ley aplicable en casos de dos o más buques involucrados pertenecientes al mismo Estado será la ley nacional, a pesar que el artículo 1 incluye los casos de abordaje entre embarcaciones de navegación marítima de navegación interior, y puntualiza que "las indemnizaciones debidas por razón de daños causados a los buques, a las cosas o las personas que se encuentren a bordo, se ajustarán conforme a las disposiciones siguientes, sin que deban tenerse en cuenta las aguas en que el abordaje haya tenido lugar".

De igual manera, excluye los casos de abordaje de buques de guerra y de los pertenecientes a un Estado adscritos a un servicio público, y lo consagra en el artículo 12 de la siguiente manera:

> Las disposiciones del presente Convenio se aplicarán a todos los interesados cuando todos los buques de que se trate pertenezcan a los Estados de las Altas Partes contratantes y en los demás casos señalados por las leyes nacionales. Queda, sin embargo, entendido: 1. Que con respecto a los interesados que pertenezcan a un Estado no contratante, la aplicación de dichas disposiciones podrá hacerse depender, por cada uno de los Estados contratantes, de la condición de reciprocidad. 2. Que cuando todos los interesados pertenezcan al mismo Estado que el Tribunal que conozca del asunto, será aplicable la ley nacional, y no el Convenio.

Es importante tener en cuenta que, según lo dispuesto en el Convenio para la Unificación de Ciertas Reglas en Materia de Abordaje de 1910, la más aceptada acepción del concepto de abordaje ha sido en la que se contempla que se está frente a un abordaje en los casos que exista una colisión entre dos o más embarcaciones o entre una embarcación y otro objeto que se encuentre en el agua.

En la actualidad, según lo dispuesto por la jurisprudencia inglesa, se está frente a un riesgo de abordaje incluso cuando hay una colisión entre una embarcación y un objeto estático, siempre y cuando se compruebe que existe una embarcación comprometida y esta se encuentre en el agua (flotando). Esta diferenciación entre el tipo de elementos que se chocan entre sí y cuándo se está o no frente a un abordaje, en el ámbito de los Estados, genera una gran confusión. Esto ocurre porque en el evento de considerarse que se está frente a un riesgo de abordaje, sin importar si es una embarcación o un objeto (no una embarcación o nave), o que por el contrario solo se considerará un riesgo de abordaje si es entre dos embarcaciones, puede generar la disyuntiva entre estar frente a un abordaje o a una responsabilidad civil extracontractual.

Internacionalmente (por lo que se aplica para todos los países objeto de estudio del presente documento), con el fin de solucionar los casos de abordaje por medio de las disposiciones de la Convención de las Naciones Unidas sobre Derecho del Mar de 1982 (Convemar o Convenio Unclos por sus siglas en inglés), se crean los parámetros para evitar dichos riesgos y se puntualiza que dicho reglamento "se debe aplicar en alta mar, en zonas económicas exclusivas, el mar territorial, aguas archipelágicas, estrechos utilizados para la navegación internacional y vías marítimas archipelágicas" [80].

Dándole alcance a lo dispuesto por el artículo 12 de la Convención para la Unificación de Ciertas Reglas en Materia de Abordaje, cada país puede regular este tema de manera interna.

1. *Vigencia*

La Convención para la Unificación de Ciertas Reglas en Materia de Abordaje de 1910 entró en vigencia internacional el 1.º de marzo de 1913.

---

80 http://www.imo.org/es/OurWork/Legal/Documents/LEG-MISC.8.pdf

2. *Países iberoamericanos que han adherido o lo han ratificado*

Argentina, Brasil, Haití, Jamaica, México, Nicaragua, Paraguay y Uruguay.

3. *Conclusión*

Recomiendo adherir a este convenio, pues constituye una importante herramienta de unificación de los parámetros legales que se deben aplicar para la estimación de las indemnizaciones derivadas de casos de abordaje. Además, se debe considerar la aplicación de este convenio junto con las denominadas Reglas de Lisboa, que son unas reglas de adopción voluntaria que complementan lo previsto en este convenio[81].

B. Convenio Internacional sobre la Búsqueda y el Salvamento Marítimos de 1979 (SAR 79/98/2004)

Este convenio fue aprobado en Hamburgo en 1979 y posteriormente fue modificado por dos protocolos, uno firmado en 1998 y otro en 2004. El convenio original entró en vigencia internacional el 22 de junio de 1985, y el Protocolo de 1998 entró en vigor en el año 2000, seguido por el Protocolo de 2004, el cual adquirió vigencia internacional en el 2006.

---

81 Al respecto, se puede consultar el artículo "Sobre as Regras de Lisboa – Breves Notas", M. Januário da Costa Gomes, profesor de la Facultad de Derecho de la Universidad de Lisboa. Disponible en la edición n.° 1 (relanzamiento) del *Astrolabio*, Boletín Oficial del Instituto Iberoamericano de Derecho Marítimo (https://www.iidmaritimo.org/images/astrolabio/Astrolabio_01.pdf)

En la tradición marítima no escrita existe desde antaño la obligación de asistir y procurar el salvamento de buques que se encuentren en peligro. En la actualidad, esa obligación está consagrada en el artículo 98 de la Convención de las Naciones Unidas sobre el Derecho del Mar de 1982[82]. Esta norma, incluso, prevé en su inciso 2.º la obligación de que cada Estado cree un servicio de búsqueda y salvamento para garantizar la seguridad marítima, bien sea individualmente o mediante la celebración de acuerdos regionales.

No obstante, no existe un sistema internacional organizado, coordinado y estandarizado de los servicios de búsqueda y salvamento marítimos. El objetivo principal del Convenio SAR 79 es, precisamente, facilitar la cooperación entre los gobiernos y entre las personas que participan en las operaciones de búsqueda y salvamento en el mar, mediante el establecimiento de un plan internacional SAR. Para este efecto, el convenio fija los lineamientos, los requisitos y los deberes de los Estados Parte para la

---

82 Convenio de las Naciones Unidas sobre el Derecho del Mar (1982).- Artículo 98. Deber de prestar auxilio.
1. Todo Estado exigirá al capitán de un buque que enarbole su pabellón que, siempre que pueda hacerlo sin grave peligro para el buque, su tripulación o sus pasajeros:
a) Preste auxilio a toda persona que se encuentre en peligro de desaparecer en el mar;
b) Se dirija a toda la velocidad posible a prestar auxilio a las personas que estén en peligro, en cuanto sepa que necesitan socorro y siempre que tenga una posibilidad razonable de hacerlo;
c) Caso de abordaje, preste auxilio al otro buque, a su tripulación y a sus pasajeros y, cuando sea posible, comunique al otro buque el nombre del suyo, su puerto de registro y el puerto más próximo en que hará escala.
2. Todo Estado ribereño fomentará la creación, el funcionamiento y el mantenimiento de un servicio de búsqueda y salvamento adecuado y eficaz para garantizar la seguridad marítima y aérea y, cuando las circunstancias lo exijan, cooperará para ello con los Estados vecinos mediante acuerdos mutuos regionales.

elaboración de un plan internacional de búsqueda y salvamento, de modo que, independientemente del lugar en donde ocurra un accidente, el salvamento de las personas que necesiten auxilio sea coordinado por una organización de búsqueda y salvamento y, cuando sea necesario, mediante la cooperación entre organizaciones de búsqueda y salvamento vecinas.

El Convenio SAR 79 impone obligaciones específicas a los Estados que lo ratifican, consistentes en la creación de un sistema de búsqueda y salvamento marítimo que cumpla unos estándares mínimos que se encuentran descritos en su anexo.

De hecho, el convenio original de 1979 exigía a los Estados Parte contar con un "Centro coordinador de salvamento", un "Subcentro de salvamento", un conjunto de "Unidades de vigilancia de costas" y un conjunto de "Unidades de salvamento"[83]. El cumplimiento de estos requisitos del convenio implicaba un considerable esfuerzo presupuestal para los Estados, lo que desmotivó la ratificación del convenio original de 1979, el cual, en todo caso, entró en vigor en 1985.

---

83 Convenio Internacional sobre Búsqueda y Salvamentos Marítimos del 1979; Anexo, Capítulo I, Términos y Definiciones, art. 1,1: [...]
2 "Centro coordinador de salvamento". Centro encargado de promover la buena organización de servicios de búsqueda y salvamento y de coordinar la ejecución de las operaciones de búsqueda y salvamento dentro de una búsqueda y salvamento.
3 "Subcentro de salvamento". Centro subordinado a un centro coordinador de salvamento, establecido para complementar la función de este último dentro de una parte especificada de una región de búsqueda y salvamento.
4 "Unidad de vigilancia de costas". Unidad terrestre, estacionaria o móvil, designada para velar, con su vigilancia, por la seguridad de los buques en zonas costeras.
5 "Unidad de salvamento". Unidad compuesta por personal capacitado y dotada de equipo apropiado para ejecutar con rapidez operaciones de búsqueda y salvamento.

Esta situación hizo necesaria la revisión del convenio original de 1979 y su modificación mediante el Protocolo de 1988, en el cual se hace énfasis en el sistema de búsqueda y salvamento, más que en la infraestructura necesaria para el mismo. En este sentido, el protocolo establece los requisitos mínimos que debe tener el servicio en cada Estado Parte, a saber:

- Un marco legal;
- La designación de la autoridad responsable;
- La organización de los recursos disponibles;
- Los medios de comunicación;
- La coordinación y funciones operacionales; y
- Los procedimientos para mejorar el servicio, incluidas la planificación, las relaciones de colaboración a escala nacional e internacional y la formación.

Adicionalmente, el Protocolo señala que cada país debe establecer regiones de búsqueda y salvamento dentro de cada zona marítima, para lo cual puede llegar a acuerdos entre países vecinos o limítrofes.

El Protocolo de 1988 entró en vigencia internacional en el año 2000.

Finalmente, el Convenio SAR 79 tuvo una última enmienda mediante el Protocolo de 2004, el cual establece disposiciones especiales sobre el salvamento de personas en peligro en el mar. Este protocolo entró en vigencia internacional el 1.º de julio de 2006.

El Convenio SAR 79 y sus protocolos de 1988 y de 2004 constituyen un régimen jurídico internacional de suma importancia para la creación, implementación y funcionamiento de un sistema de búsqueda y salvamento marítimos eficiente, que propenda a la necesaria cooperación internacional que se requiere en esta actividad, pues el Convenio SAR 79 y sus protocolos contemplan la obligación de cada Estado de permitir el ingreso a sus aguas territoriales de unidades de salvamento de otros Estados Parte del convenio, previas las coordinaciones necesarias para este propósito y tras haber identificado la necesidad de una operación de búsqueda y salvamento.

El artículo III (2) (h) del Convenio SAR 79 consagra un mecanismo de enmiendas tácitas, en los siguientes términos:

> h) toda enmienda al Anexo, excluidas las enmiendas a los párrafos 2.1.4, 2.1.5, 2.1.7, 2.1.10; 3.1.2 y 3.1.3 entrará en vigor, con respecto a todas las Partes, exceptuadas las que la hayan rechazado en virtud de lo previsto en el apartado f) y que no hayan retirado su objeción, seis meses después de la fecha en que se considere que fue aceptada. No obstante, antes de la fecha fijada para la entrada en vigor de la enmienda cualquier Parte podrá notificar al Secretario General que se exime de la obligación de darle efectividad durante un periodo no superior a un año, contado desde la fecha de entrada en vigor de la enmienda, o durante el periodo, más largo que ése, que en el momento de la aprobación de tal enmienda fije una mayoría de dos tercios de las Partes presentes y votantes en el Comité de Seguridad Marítima.

En aplicación de esta disposición, los mencionados protocolos de 1988 y de 2004 al Convenio SAR 79 entraron en vigencia respecto de los mismos países que habían ratificado el convenio original, sin necesidad de una nueva ratificación.

No puede confundirse el objeto y el contenido del Convenio SAR 79 con los del Convenio de Salvamento Marítimo firmado en Londres en 1989 (SALVAGE 89), pues este último se ocupa de regular las relaciones económicas derivadas de una operación de salvamento, entre el salvador y el propietario del buque salvado, en especial lo relativo a la remuneración del salvamento.

1. Vigencia

El Convenio SAR 79 entró en vigencia internacional el 22 de junio de 1985.

El Protocolo de 1988 entró en vigencia internacional el 1.º de enero de 2001, mediante el sistema de enmiendas tácitas establecido en el artículo III (2) (h) del convenio.

El Protocolo de 2004 entró en vigencia internacional el 1.º de julio de 2006, mediante el sistema de enmiendas tácitas establecido en el artículo III (2) (h) del convenio.

2. Países iberoamericanos que han adherido o lo han ratificado

Los países iberoamericanos que han ratificado el Convenio SAR 79 son: Argentina, Brasil, Chile, Colombia, Costa Rica, Cuba, Ecuador, Honduras, Jamaica, México, Perú, Portugal, España, Uruguay y Venezuela.

Los protocolos de 1988 y de 2004 también se entienden ratificados por estos mismos países, en aplicación del mecanismo de enmiendas tácitas consagrado en el artículo III (2) (h) del convenio.

3. Conclusión

Colombia no suscribió el Convenio SAR 79, pero adhirió a él posteriormente mediante la Ley 10 de 1986 y, en aplicación de su sistema de enmiendas tácitas, también es parte de sus protocolos de 1988 y de 2004.

Al analizar la conveniencia de ratificar este convenio es necesario que cada país examine previamente si está en capacidad y en disposición de realizar las inversiones en infraestructura, equipos, destinación y capacitación de personal que resultan necesarias para implementar el sistema y el plan de búsqueda y salvamento marítimo previsto en el convenio.

C. Convenio Internacional sobre Salvamento Marítimo, hecho en Londres el 28 de abril de 1989 (SALVAGE 89)

Tradicionalmente, el salvamento marítimo ha sido regulado bajo el principio "no se paga si no se salva" ("no cure, no pay"), el cual se encuentra consagrado en el Convenio de Bruselas sobre Salvamento Marítimo de 1910; bajo este principio, al salvador solo le retribuyen sus servicios si la operación de salvamento tiene éxito.

Aunque este principio básico funcionó bien en la mayoría de los casos, en él no se tuvo en cuenta la contaminación. El salvador que impedía que se produjera un suceso importante de contaminación (por ejemplo, alejando a un buque tanque dañado de una zona ecológicamente sensible), pero que no conseguía salvar el buque o la carga, no percibía ninguna remuneración. Por ello, no existían apenas incentivos para que el salvador emprendiese operaciones que tenían pocas posibilidades de éxito respecto del buque en peligro, pero que sí podían prevenir exitosamente un evento de contaminación.

En tiempos recientes, este principio ha sido revaluado para tener en cuenta, y reconocer económicamente, los esfuerzos hechos por el salvador para tratar de evitar o mitigar daños ambientales que podría producir la nave asistida.

Por esta razón, en el Convenio de 1989 se intenta poner remedio a esta situación al ofrecer al salvador una recompensa mayor, en la que se tienen en cuenta la pericia y los esfuerzos de este para impedir o reducir al mínimo los daños al medio ambiente.

1. Vigencia

El Convenio SALVAGE 89 entró en vigencia internacional el 14 de julio de 1996.

2. Países iberoamericanos que han adherido o lo han ratificado

Jamaica, Brasil, España, México, Ecuador y Uruguay.

3. Conclusión

Colombia no es signataria del Convenio SALVAGE 89. Recomiendo que adhiera a este convenio, por cuanto constituye un importante instrumento que contribuye a la protección del medio ambiente marino, además de incorporar reglas uniformes acerca de la remuneración en casos de salvamento marítimo. Colombia no ha adherido a ningún convenio sobre esta materia; es decir, tampoco adhirió al convenio de Bruselas de 1910; por lo tanto, resulta oportuno ahora adherir a este nuevo convenio internacional.

D. Convenio Internacional de Nairobi sobre la Remoción de Restos de Naufragio, 2007 (NAIROBI WRC)

La conferencia de la OMI celebrada en el 2007 en Nairobi (ONUN) adoptó el Convenio Internacional de Nairobi sobre la Remoción de Restos de Naufragios. Dicho convenio buscó principalmente llenar el vacío legal internacional para que los países pudieran proceder, en sus zonas económicas exclusivas, en los casos de necesidad de llevar a cabo una remoción de restos de un naufragio.

El objetivo de este convenio es consagrar un régimen internacional uniforme que permita a los Estados tomar medidas y determinar la responsabilidad en casos de abandono de restos de naufragios más allá de sus aguas territoriales, extendiendo su posibilidad de intervención hasta sus zonas económicas exclusivas. Los restos de naufragios abandonados constituyen un riesgo para la seguridad de la navegación y para el medio ambiente marino y generan costos para los Estados relativos a localización, señalización y balizamiento.

Por medio del Convenio de Nairobi se busca responsabilizar económicamente a los armadores y/o propietarios de las naves náufragas, para que estos cubran los costos incurridos en la remoción de los restos de un naufragio. Esto implica que los propietarios deban tener un seguro, cobertura económica o garantía financiera para cubrir dichos costos. En el convenio también se da el beneficio a los Estados para que estos puedan tener una acción directa frente a los aseguradores, en los casos en los que sea necesario.

Es de suma importancia mencionar que este Convenio Internacional hace parte de los convenios sobre la responsabilidad civil y las indemnizaciones promovidos por la OMI, y que tan solo hasta abril 14 de 2015, con la ratificación de este por parte de Dinamarca como décimo país necesario para su entrada en vigor, pudo lograr este estatus. Se espera que en el futuro cercano muchos más países lo ratifiquen también, ya que este convenio es la base normativa para lograr la efectiva y diligente remoción de restos de naufragios. A la fecha hacen parte de este convenio solo trece países, entre los cuales no están ni Estados Unidos ni China, los cuales muchas veces con su adhesión impulsan a los demás países a formar parte de dichos convenios internacionales.

A pesar del hecho de que la remoción de restos de naufragio que se encuentren en el mar territorial de un país se regula por su legislación nacional, se ha considerado que esta prerrogativa solo tuvo un claro fundamento en el derecho internacional con la expedición del Convenio Unclos, en cuyo artículo 211 se establece que "los Estados ribereños podrán, en el ejercicio de su soberanía en el mar territorial, dictar leyes y reglamentos para prevenir, reducir y controlar la contaminación del medio marino causada por buques extranjeros, incluidos los buques que ejerzan el derecho de paso inocente", y agrega que "tales leyes y reglamentos no deberán obstaculizar el paso inocente de buques extranjeros".

No obstante lo anterior, en muchas ocasiones los naufragios no se encuentran dentro del mar territorial de un Estado, pero en todo caso lo afectan, por la proximidad del naufragio con su territorio y las posibles consecuencias negativas en la seguridad de la navegación y el medio ambiente marino.

Por tal motivo, se define la "zona de aplicación del convenio" como

> la zona económica exclusiva de un Estado Parte, establecida de conformidad con el derecho internacional, o, si el Estado Parte no ha establecido tal zona, un área situada más allá del mar territorial de dicho Estado y adyacente a éste, determinada de conformidad con el derecho internacional por dicho Estado y de una extensión que no supere las 200 millas marinas contadas desde las líneas de base a partir de las cuales se mide la anchura de su mar territorial (art. 1.1).

Y se complementa esta definición con la de "Estado afectado" como "el Estado en cuya zona de aplicación del Convenio se encuentran los restos de naufragio" (art. 1.10).

El objeto del convenio, entonces, es establecer un régimen legal internacional uniforme respecto de las medidas que pueden adoptar los Estados para la remoción de restos de naufragios que constituyan un riesgo y que se encuentren en su zona económica exclusiva o, si el país no la denomina como tal, en la zona de 200 millas contadas a partir de la línea de base de su mar territorial.

Para los efectos del convenio, se consideran "restos de un naufragio", tras un siniestro marítimo (art. 1.4):

a) un buque varado o hundido; o

b) cualquier parte de un buque varado o hundido, incluido cualquier objeto que esté o haya estado a bordo de tal buque; o

c) todo objeto que haya caído al mar de un buque y que esté varado, hundido o a la deriva en el mar; o

d) un buque que esté a punto de hundirse o de quedar varado, o del que pueda razonablemente esperarse que se hunda o quede varado, siempre que no se hayan adoptado ya medidas eficaces para auxiliar al buque o salvaguardar cualesquiera otros bienes que se encuentren en peligro.

La definición de "buque" comprende todo tipo de embarcaciones de navegación marítima, incluidos los aliscafos, los aerodeslizadores, los sumergibles, los artefactos y las plataformas flotantes, salvo cuando tales plataformas estén emplazadas y dedicadas a la exploración, explotación o producción de recursos minerales del fondo marino (art. 1.2). Esto implica que el convenio no es aplicable a los naufragios de plataformas marinas *off-shore* que se encuentren en operación.

Y se califica como "riesgo" toda situación o amenaza (art. 1.5):

a) de peligro o impedimento para la navegación; o

b) de la cual pueda razonablemente esperarse que ocasione perjuicios importantes para el medio marino, o daños para el litoral o los intereses conexos de uno o más Estados.

El convenio también define los "intereses conexos" como los intereses de un Estado ribereño directamente afectado o amenazado por restos de naufragio, tales como:

a) las actividades marítimas costeras y portuarias, incluidas las actividades pesqueras, que constituyan un medio esencial de sustento de las personas interesadas;

b) los atractivos turísticos y otros intereses económicos de la región afectada;

c) la salud de la población ribereña y el bienestar de la región de que se trate, incluida la conservación de los recursos marinos vivos y de su flora y fauna; y

d) la infraestructura mar adentro y submarina.

Una vez el Estado afectado tenga conocimiento de la existencia de restos de un naufragio en la zona de aplicación del convenio, debe adoptar medidas de ubicación y de balizamiento y está facultado para adoptar medidas de remoción.

Las medidas de ubicación consisten en el aviso que el Estado afectado debe dar a los navegantes y a los Estados interesados de la ubicación y naturaleza de los restos de naufragio con carácter de urgencia. Si el Estado afectado tiene razones para pensar que unos restos de naufragio constituyen un riesgo, se cerciorará de que se tomen todas las medidas factibles para determinar la ubicación precisa de dichos restos de naufragio (art. 7).

Si el Estado afectado determina que unos restos de naufragio constituyen un riesgo, ese Estado se cerciorará de que se tomen todas las medidas razonables para su balizamiento (art. 8). Para determinar si los restos del naufragio constituyen un riesgo, el Estado afectado debe tener en cuenta los criterios señalados en el artículo 6 del convenio.

Ahora bien, si el Estado afectado determina que los restos del naufragio constituyen un riesgo, debe informar de ello al Estado de matrícula del buque y al propietario del buque. Además, debe consultar con el Estado de matrícula del buque y con los otros Estados afectados acerca de las medidas que se deben adoptar respecto de los restos del naufragio (art. 9.1).

El propietario registrado del buque está obligado a proceder a la remoción de los restos del naufragio calificado como un riesgo, en el plazo que para el efecto le señale el Estado afectado (arts. 9.2 y 9.3). Para ello, podrá contratar los servicios de una empresa de salvamento (art. 9.4).

Si el propietario no efectúa la remoción de los restos del naufragio en el plazo fijado, o si no es posible contactar al propietario, entonces el Estado afectado puede proceder con la remoción, a costa del propietario registrado (arts. 9.6.b y 9.7). También podrá proceder con la remoción si se requiere tomar medidas inmediatas de protección de la seguridad y del medio marino, siempre que haya dado previo aviso de la ubicación de los restos del naufragio y de sus riesgos al Estado de matrícula del buque y a su propietario registrado (art. 9.8).

En todo caso, el Estado afectado mantiene la facultad de intervenir en las labores de remoción adelantadas por el propietario, o por su cuenta, en la medida necesaria para garantizar que se lleven a cabo efectivamente de manera que se tengan en cuenta los aspectos de seguridad y de protección del medio marino (art. 9.5).

El propietario registrado del buque será responsable de los costos de la localización, el balizamiento y la remoción de los restos de naufragio, salvo que demuestre que el siniestro marítimo que dio origen a los restos de naufragio (art. 10.1):

a) fue resultado de un acto de guerra, hostilidades, guerra civil, insurrección, o de un fenómeno natural de carácter excepcional, inevitable e irresistible;

b) se debió totalmente a la acción o a la omisión de un tercero que actuó con la intención de causar daño; o

c) se debió totalmente a la negligencia o a una acción lesiva de otra índole de cualquier Gobierno o autoridad responsable del mantenimiento de las luces u otras ayudas a la navegación, en el ejercicio de esa función.

El propietario registrado puede limitar su responsabilidad hasta los montos establecidos en cualquier régimen nacional o internacional aplicable (art. 10.2), tal como el Convenio sobre limitación de la responsabilidad nacida de reclamaciones de derecho marítimo, 1976, enmendado (LLMC 76/96).

No obstante, debe tenerse en cuenta que el citado Convenio LLMC 76/96 establece la posibilidad de que un país se reserve el derecho de excluir la aplicación de la limitación de la responsabilidad prevista en dicho convenio a las reclamaciones originadas en casos de remoción de naufragios. Por lo tanto, si un país determinado ha hecho esta reserva en el momento de ratificar el LLMC 76/96, entonces bajo el Convenio de Nairobi de 2007 el propietario del buque no podría invocar la limitación prevista en este convenio, sino la que resulte aplicable según la ley interna del Estado afectado.

El Convenio de Nairobi excluye su aplicación en los casos en que la responsabilidad respecto de los costos de remoción del naufragio sea regulada por alguna de las siguientes convenciones (art. 11.1):

a) el Convenio internacional sobre responsabilidad civil nacida de daños debidos a contaminación por hidrocarburos, 1969 (CLC 69/92), enmendado;

b) el Convenio internacional sobre responsabilidad e indemnización de daños en relación con el transporte marítimo de sustancias nocivas y potencialmente peligrosas, 1996 (NHS 96), enmendado;

c) el Convenio acerca de la responsabilidad civil en materia de energía nuclear, 1960, enmendado, o la Convención de Viena sobre responsabilidad civil por daños nucleares, 1963, enmendada, o la legislación nacional que rija o prohíba la limitación de la responsabilidad por daños nucleares; o

d) el Convenio internacional sobre responsabilidad civil nacida de daños debidos a contaminación por los hidrocarburos para combustible de los buques, 2001 (BUNKERS 01), enmendado.

El convenio (art. 12) consagra un sistema de seguro obligatorio para todos los buques de los Estado parte del convenio cuyo arqueo bruto sea igual o superior a 300 toneladas, cuyos propietarios registrados deben constituir y mantener un seguro u otra garantía financiera (garantía bancaria o similar), que cubra la responsabilidad contemplada en el convenio, por una cuantía igual a la de los límites de responsabilidad establecidos por el régimen de limitación nacional o internacional aplicable, pero en ningún caso superior a la cuantía calculada de conformidad con el artículo 6 1) b) del Convenio sobre limitación de la responsabilidad nacida de reclamaciones de derecho marítimo, 1976, enmendado (LLMC 76/96). El convenio contempla la acción directa del Estado afectado contra el seguro de responsabilidad civil del propietario del buque.

La prescripción de las acciones para reclamar al propietario registrado del buque la responsabilidad consagrada en el convenio es de tres años, contados a partir el momento en que el Estado afectado declare el riesgo de los restos del naufragio. En todo caso, la acción se extingue transcurridos seis años desde la fecha de ocurrencia del siniestro marítimo que originó el naufragio (art. 13).

El Convenio de Nairobi es un instrumento significativo e importante para la adopción de medidas para la remoción de naufragios en los Estados ribereños. Sin embargo, es preciso anotar que carece de algunas previsiones que se consideran importantes para afrontar los problemas que afectan a los Estados ribereños por los restos de naufragios que se depositan en sus aguas territoriales o en su zona económica exclusiva.

Por ejemplo, el convenio no tiene medidas efectivas que permitan al Estado perseguir la responsabilidad de los propietarios registrados de buques naufragados y que no cuenten con el seguro obligatorio previsto en el convenio, como es el caso de los buques naufragados antes de la entrada en vigor del convenio para el país respectivo. Tampoco contiene disposiciones que permitan al Estado afectado declarar la confiscación o la extinción del dominio de los restos del naufragio, con el fin de que con su valor se pueda sufragar el costo de la remoción.

El convenio puede presentar inconvenientes en la medida en que contempla la limitación de responsabilidad por eventos, como la remoción de naufragios, que pueden ser excluidos del sistema de limitación de responsabilidad de la Convención de Londres sobre limitación de la responsabilidad nacida de reclamaciones de derecho marítimo, 1976, enmendada (LLMC 76/96).

Por lo tanto, en cualquier caso, se ratifique o no el convenio, es necesario adoptar medidas en la legislación interna para regular la responsabilidad por la remoción de restos de naufragios, que brinden medidas más efectivas para los países. Esas medidas podrían ser complementarias al Convenio de Nairobi, o sustitutivas de este.

1. Vigencia

El Convenio de Nairobi WRC 2007 entró en vigencia internacional el 14 de abril de 2015.

2. *Países iberoamericanos que han adherido o lo han ratificado*

Panamá y Portugal.

3. *Conclusión*

Colombia no suscribió el Convenio Nairobi WRC 2007. Recomiendo al país adherir a este convenio, pues constituye una herramienta importante para adoptar medidas para la remoción de restos de naufragio. Sin embargo, además de su ratificación, es recomendable preparar y adoptar legislación interna que complemente las disposiciones del convenio y que regule los casos no contemplados en este, particularmente lo relacionado con los buques naufragados antes de la vigencia del convenio.

E. Convenio Internacional sobre los Privilegios Marítimos y la Hipoteca Naval hecho en Ginebra el 6 de mayo de 1993 (MLM)

Este convenio tiene como objeto la unificación internacional de las reglas relativas a los gravámenes reales que pueden recaer sobre los buques, como son los privilegios marítimos y las hipotecas marítimas.

El tratadista Diego Chami, en su libro *Manual de Derecho de la Navegación*, indicó que el convenio tiene dos objetivos primordiales, los cuales son: "El objetivo buscado por medio de la nueva Convención de 1993 fue favorecer el financiamiento destinado a la construcción y compra de buques, por un lado, y lograr uniformidad internacional en materia de privilegios e hipotecas, por el otro"[84].

---

84 Chami, Diego Esteban. *Manual de Derecho de la Navegación*, Ed. Abeledo Perrot, Argentina, 2010, p. 163.

El mencionado convenio en su artículo 2 establece que los gravámenes constituidos podrán ser ejecutados en cualquier país miembro del convenio siempre que se encuentren registrados de conformidad con la legislación del país en donde esté matriculada la nave; señala en su artículo 3 que no se podrá dar de baja el registro de un buque hasta que no se levanten los gravámenes que tuviere constituidos.

El artículo 4 tiene previsto cuáles son los créditos que gozan de un privilegio marítimo frente a las hipotecas, "mortgages" y gravámenes inscritos; estos son:

1. Los créditos por los sueldos y otras cantidades debidos al capitán, los oficiales y demás miembros de la dotación del buque en virtud de su enrolamiento a bordo del buque, incluidos los gastos de repatriación y las cuotas de la seguridad social pagaderas en su nombre.

2. Los créditos por causa de muerte o lesiones corporales sobrevenidas, en tierra o en el agua, en relación directa con la explotación del buque.

3. Los créditos por la recompensa pagadera por el salvamento del buque.

4. Los créditos por derechos de puerto, de canal y de otras vías navegables y practicaje.

5. Los créditos nacidos de culpa extracontractual por razón de la pérdida o el daño materiales causados por la explotación del buque distintos de la pérdida o el daño ocasionados al cargamento, los contenedores y los efectos del pasaje a bordo del buque.

Los privilegios antes descritos concurren a prorrata y se podrán hacer exigibles contra el propietario, el arrendatario a casco desnudo, el gestor o el naviero del buque. La convención permite que cada país miembro, si así lo desea, pueda adicionar a la lista anterior de créditos privilegiados los que quiera, siempre que estos se puedan extinguir pasados seis meses contados desde su nacimiento.

Ahora bien, el artículo 9 señala que los privilegios se extinguen pasado un año contado a partir del nacimiento del crédito, a menos que antes del vencimiento de ese plazo el buque haya sido objeto de embargo preventivo o ejecución para una venta forzosa.

Los artículos 11 y 12 regulan cómo debe hacerse la venta forzosa y la respectiva notificación de esta, así como el efecto que conlleva la venta, que consiste en que el buque se transfiere libre de todo gravamen, salvo que el comprador haya tomado a su cargo algún crédito.

Por último, el artículo 12 reguló otros créditos que gozan de privilegios marítimos cuando existe venta forzosa del buque, los cuales son:

1. Las costas y gastos causados en el embargo preventivo o la ejecución y subsiguiente venta del buque se pagarán en primer lugar con el producto de la venta. Tales costas y gastos incluyen, entre otros, el costo de la conservación del buque y la manutención de la tripulación, así como los sueldos y otras cantidades.

2. Todo Estado Parte podrá establecer en su legislación que en caso de venta forzosa de un buque varado o hundido, tras su remoción por una autoridad pública en interés de la seguridad de la navegación o de la protección del medio ambiente marino, los gastos de esa remoción se pagarán con el producto de la venta antes que todos los demás créditos que estén garantizados con un privilegio marítimo sobre el buque.

3. Si en el momento de la venta forzosa el buque se halla en posesión de un constructor o de un reparador de buques que, con arreglo a la legislación del Estado Parte en que se realiza la venta, goza de un derecho de retención, el constructor o reparador de buques deberá entregar al

comprador la posesión del buque, pero podrá obtener el pago de su crédito con el producto de la venta una vez satisfechos los créditos de los titulares de los privilegios marítimos mencionados en el artículo 4.

1. Vigencia

El Convenio Internacional sobre Privilegios Marítimos e Hipoteca Naval de 1993 entró en vigencia internacional el 5 de septiembre de 2004.

2. Países iberoamericanos que han adherido o lo han ratificado

Ecuador, España, Honduras y Perú.

- Adopción: 6 de mayo de 1993; entrada en vigencia internacional: 5 de septiembre de 2004.

3. Conclusión

Colombia no suscribió este convenio, ni ha adherido a él, pero incorporó sus disposiciones mediante la Decisión 487 de la Comunidad Andina (CAN).

No obstante, las decisiones de la CAN tienen una aplicación restringida a los países que la integran (Ecuador, Perú, Bolivia y Colombia), por lo que recomiendo que Colombia adhiera a este convenio, con el fin de ofrecer a la comunidad marítima internacional unas normas uniformes sobre los privilegios marítimos y la hipoteca naval. Así lo hicieron Ecuador y Perú, quienes también son países miembros de la CAN.

F. Convenio Internacional sobre Embargo Preventivo de Buques, hecho en Ginebra el 12 de marzo de 1999 (ARREST)

El objetivo de este convenio es establecer una uniformidad en la figura del embargo preventivo de buques, conocido también como "arresto" o "arraigo" de buques (*ship's arrest*).

El convenio define los créditos marítimos simples y los créditos marítimos privilegiados que pueden fundamentar una solicitud de embargo preventivo de la nave; establece las naves que pueden ser objeto de embargo, de acuerdo con su relación de propiedad con el deudor del crédito marítimo, así como las naves de su misma propiedad que podrían ser objeto de embargo. Igualmente, el convenio consagra reglas acerca del levantamiento del embargo, bien sea por el otorgamiento de una garantía o por la extinción misma del crédito, y señala la posibilidad de que el juez competente para el embargo también pueda conocer el fondo del asunto que origina el crédito, salvo que exista pacto arbitral o se establezca la jurisdicción prevalente de otro juez.

El artículo 1.º trae unas definiciones de crédito marítimo, persona, acreedor, tribunal y embargo; por este último debe entenderse que es toda inmovilización o restricción a la salida impuesta al buque por resolución de un tribunal en garantía de un crédito marítimo; por lo tanto, no comprende la retención del buque para la ejecución de una sentencia.

Los buques podrán embargarse únicamente por créditos marítimos (art. 2). El embargo de un buque procederá (i) si la persona que era propietaria del buque en el momento en que nació el crédito marítimo estaba obligada en virtud de ese crédito y es propietaria del buque en el momento de practicarse el embargo, (ii) si el arrendatario a casco desnudo en el momento en que nació el crédito está obligado en virtud de ese crédito y en el momento de practicarse el embargo es arrendatario, (iii) si el crédito se refiere a la propiedad o posesión del buque, (iv) si el crédito es contra el propietario, arrendatario a casco desnudo, el gestor o el naviero del buque y está garantizado por privilegio marítimo, el embargo de un buque que no sea de propiedad de la persona obligada en virtud del crédito es admisible si conforme a la ley del país donde se solicita el embargo se puede ejecutar contra el buque una venta forzosa (art. 3).

El embargo preventivo del buque podrá ser levantado y se liberará si se presta una caución satisfactoria; cuando las partes no se ponen de acuerdo acerca de la caución, el juez la determinará sin que pueda sobrepasar el valor del buque (art.4).

El buque, luego de ser liberado, no podrá ser reembargado o embargado por el mismo crédito marítimo a menos que la naturaleza o la cuantía de la garantía ya prestada sea inadecuada; así mismo, tampoco podrá embargarse cualquier otro buque que de otro modo estuviera sujeto a embargo por el mismo crédito a menos que la garantía ya prestada del buque embargado sea inadecuada (art. 5).

El tribunal también podrá pedir al acreedor que preste caución antes de decretar el embargo, para responder por los perjuicios que pueda causar al demandado, ya sea por un embargo injustificado o ilícito o por haber pedido una caución excesiva. El tribunal que haya decretado el embargo será el competente para determinar el alcance de la responsabilidad del acreedor cuando a ello haya lugar (art. 6).

El competente para conocer del fondo del litigio será el tribunal que decretó el embargo preventivo, a menos que las partes decidan someterlo a un tribunal de arbitraje o que el tribunal que decretó la medida decline su competencia si la Ley del Estado parte lo autoriza. Cuando esto ocurra, el tribunal deberá fijar un plazo al acreedor para que entable la demanda ante el tribunal competente; si la demanda no se presenta en el plazo fijado, se liberará el buque o se cancelará la garantía prestada. Si se presenta la demanda a tiempo la resolución definitiva tomada por el tribunal competente tendrá efectos frente al embargo o la garantía (art. 7).

1. Vigencia

El Convenio sobre Embargo Preventivo de Buques de 1999 entró en vigencia internacional el 14 de septiembre de 2011.

2. Países iberoamericanos que han adherido o lo han ratificado

Ecuador y España.

3. Conclusión

Colombia no suscribió este convenio, ni ha adherido a él, pero incorporó sus disposiciones mediante la Decisión 487 de la Comunidad Andina (CAN).

No obstante, las decisiones de la CAN tienen una aplicación restringida a los países que la integran (Ecuador, Perú, Bolivia y Colombia), por lo que recomiendo que Colombia adhiera a este convenio, con el fin de ofrecer a la comunidad marítima internacional unas normas uniformes sobre los privilegios marítimos y la hipoteca naval. Así lo hizo Ecuador, quien también es país miembro de la CAN.

CONCLUSIONES Y REFLEXIONES FINALES

Colombia carece de una legislación marítima armónica, organizada, completa y moderna. El Derecho Marítimo colombiano se encuentra disperso en diversas normas, casi todas ellas con contenido, figuras e instituciones jurídicas desactualizadas frente a las tendencias del Derecho Marítimo internacional.

Por lo tanto, en Colombia el Derecho Marítimo no es una rama autónoma, y ni siquiera una rama especial del derecho, lo cual constituye una importante desventaja para el desarrollo de la industria y los servicios marítimos en nuestro país y, al mismo tiempo, un llamado urgente para propender a la modernización y actualización de nuestro Derecho Marítimo.

La Dirección General Marítima (Dimar), en su condición de autoridad marítima nacional, ha liderado un proyecto dirigido a modernizar la legislación marítima colombiana, en ejecución del cual ha presentado a consideración del Congreso de la República varios proyectos de ley[85], algunos en el marco del derecho interno y otros para ratificar algunos de los convenios internacionales

85 Dimar ha presentado proyectos de ley sobre abanderamiento de naves (hoy Ley 2133 de 2021) y sobre delimitación de litorales y zonas costeras.

marítimos mencionados en esta publicación[86]. El único de estos proyectos que ha sido aprobado por el Congreso es el relativo al régimen de abanderamiento de naves y artefactos navales, que fue expedido mediante la Ley 2133 de 2021.

Al igual que muchos otros países de Latinoamérica, Colombia ha sido tradicionalmente reacio a ratificar convenios marítimos internacionales. Por lo general, se ratifican convenios de carácter técnico o relacionados con los aspectos del derecho público de las actividades marítimas, como los convenios SOLAS, MARPOL, OPRC y SAR, entre otros. Pero hay un considerable atraso en la ratificación de importantes convenios internacionales que regulan las relaciones comerciales entre los actores del sector marítimo y la compensación por contaminación ambiental al medio marino.

No existe duda acerca de que los convenios internacionales son el mejor y más eficiente mecanismo para procurar la unificación del derecho marítimo y, por ende, para la modernización de la legislación marítima colombiana. En consecuencia, la ratificación de los principales convenios internacionales marítimos no constituye realmente un dilema; es, simplemente, el camino correcto hacia el propósito de modernizar y actualizar nuestro derecho marítimo.

Con una sola excepción que menciono adelante, la metodología apropiada es proceder primero a la ratificación de

86 Dimar ha presentado proyectos de ley para ratificar el Protocolo de 1988 al Convenio SOLAS, el Protocolo de 1988 al Convenio sobre Líneas de Carga (LL/88), el Convenio BUNKERS 2001, el Convenio Nairobi 2007, el Convenio OHI 2005, el Protocolo de 1997 al Convenio MARPOL y el Convenio SNP 96/10. A la fecha de entrega de esta publicación a la editorial, ninguno de esos proyectos había terminado su tránsito legislativo.

los convenios internacionales marítimos y, posteriormente, construir una ley de navegación marítima que implemente y complemente los convenios ya ratificados.

La implementación consiste en adoptar en la ley interna las disposiciones necesarias para la aplicación efectiva del convenio internacional ya ratificado, tales como la definición de autoridades competentes, aspectos procesales y trámites administrativos, de los cuales normalmente no se ocupan los convenios y se dejan a la regulación interna de cada Estado. Y la complementación radica en la regulación interna de muchos aspectos sustanciales que no son previstos en el convenio internacional ratificado, o respecto de los cuales no existe convenio internacional alguno.

La metodología contraria –esto es, primero expedir una ley marítima interna mientras se trabaja la ratificación posterior de algunos convenios internacionales– es, a mi juicio, equivocada e ineficiente. Equivocada, porque la copia parcial, incompleta y alterada de las disposiciones de un convenio internacional es, precisamente, la medida contraria a la deseada unificación del derecho marítimo y, generalmente, produce distorsiones sobre el régimen concebido en el convenio que se pretende copiar o adaptar, en desmedro del funcionamiento apropiado del régimen o la materia que regula. E ineficiente, porque cuando se ratifique el convenio internacional muy seguramente se hará necesario modificar la ley marítima interna que se hubiere expedido con anterioridad para adaptar el derecho interno al régimen internacional incorporado, o para implementar el convenio ratificado, lo cual es a todas luces contrario al principio de eficiencia en la administración pública; adicionalmente, en este supuesto –que no dudo en calificar como equivocado– sería necesario acudir al poder legislativo para modificar una ley marítima previamente tramitada ante el Congreso, con las dificultades de gestión legislativa que ello naturalmente implica.

La expedición previa de una ley interna sobre la misma materia de un convenio internacional solo es pertinente cuando el convenio en cuestión no ha adquirido vigencia internacional y el país desea empezar a aplicar el régimen consagrado en el convenio antes de su entrada en vigor. En ese caso, se puede expedir una ley interna en la que se incorpore textualmente el convenio, sin modificación alguna, de tal modo que el régimen contenido en este pueda aplicarse de inmediato en el país, mientras el convenio reúne el número de ratificaciones necesarias para entrar en vigencia internacional. Y cuando esto ocurra no habrá traumatismos, vacíos, ni solución de continuidad en la aplicación del régimen contenido en el convenio, pues en el momento en que se inicie su vigencia el régimen se seguirá aplicando, ya no solo por efecto de la ley interna que lo ha incorporado previamente, sino por la vigencia misma del convenio.

Para ello es indispensable que la incorporación previa del convenio sea textual, sin cambio alguno respecto del articulado original del convenio, pues de lo contrario se atenta contra el propósito de unificación del derecho marítimo y se generan problemas de aplicación, interpretación y futuras contradicciones cuando el convenio entre en vigencia. Lo que sí puede preverse en la ley es la implementación y complementación del convenio, mediante la adopción de medidas tales como la extensión de su ámbito de aplicación, la creación de las figuras procesales necesarias para su adecuado funcionamiento y la definición de las autoridades competentes para su ejecución, cuando a ello hubiere lugar.

Este es el esquema que he recomendado en este libro respecto de las Reglas de Rotterdam, y se ha mencionado como ejemplo exitoso de la misma estrategia el caso de Chile respecto de las Reglas de Hamburgo.

Con estas anotaciones finales quiero dejar este escrito a consideración de los interesados en la materia, en el que he procurado resaltar la importancia estratégica de acudir a la ratificación o adhesión de los principales convenios internacionales marítimos, para el propósito común de modernizar y actualizar la legislación marítima colombiana y, de este modo, espero hacer un modesto aporte a la necesaria discusión y al debate académico que debe siempre acompañar a estas iniciativas.

GLOSARIO DE CONVENIOS INTERNACIONALES MARÍTIMOS

A continuación se encuentra un glosario de los convenios internacionales marítimos a los que se ha hecho referencia en este escrito, en el mismo orden en el que han sido mencionados en el texto. Salvo el caso del Convenio para Unificación de Ciertas Reglas en materia de Abordaje, de 1910 –que he denominado como ABORDAJE–, y respecto del cual no se suele conocer una sigla o acrónimo, he utilizado la sigla o el acrónimo del convenio de acuerdo con su nombre en inglés, que son las denominaciones abreviadas con las que se acostumbra a referirse a estos convenios en el ámbito internacional.

1. SOLAS–Convenio Internacional para la Seguridad de la Vida Humana en el Mar, de 1974.
2. STCW–Convenio Internacional sobre Normas de Formación, Titulación y Guardia para la Gente de Mar, de 1978.
3. MLC–Convenio internacional sobre Trabajo en el Mar, de 2006.
4. MARPOL–Convenio Internacional para Prevenir la Contaminación por los Buques, de 1978.
5. CLD/LDC–Convenio para la Prevención de la Contaminación del Mar por Vertimiento de Desechos y otras Materias, de 1972.
6. INTERVENTION–Convenio Internacional Relativo a la Intervención en Alta Mar en casos de Accidentes que

causen o puedan causar una Contaminación por Hidrocarburos, de 1969.

7. BWM–Convenio Internacional para el Control y la Gestión del Agua de Lastre y los Sedimentos de los Buques, de 2004.

8. LLMC–Convenio sobre la Limitación de la Responsabilidad nacida de Reclamaciones de Derecho Marítimo, de 1976.

9. CLC–Convenio Internacional sobre Responsabilidad Civil Nacida de Daños debidos a Contaminación por Hidrocarburos, de 1969.

10. FUND–Convenio Internacional sobre la Constitución de un Fondo Internacional de Indemnización de Daños causados por Contaminación con Hidrocarburos, de 1971.

11. NHS–Convenio Internacional sobre Responsabilidad e Indemnización de Daños en relación con el Transporte Marítimo de Sustancias Nocivas y Potencialmente Peligrosas, de 1996.

12. BUNKERS–Convenio Internacional sobre Responsabilidad por Contaminación por Derrame de Combustibles de Buques, de 2001.

13. RR (Reglas de Rotterdam)–Convenio Internacional sobre el Contrato de Transporte Internacional de Mercancías Total o Parcialmente Marítimo, de 2008.

14. RH (Reglas de La Haya)–Convenio de Bruselas para la Unificación de Ciertas Reglas en materia de Conocimientos de Embarque, de 1924.

15. RHV (Reglas de La Haya-Visby)–Convenio de Bruselas para la Unificación de Ciertas Reglas en materia de Conocimientos de Embarque, de 1924, modificado por el Protocolo de Visby de 1968 y por el Protocolo SDR de 1979.

16. RHb (Reglas de Hamburgo)–Convenio de las Naciones Unidas sobre el Contrato de Transporte Marítimo Internacional de mercancías.

17. PAL–Convenio Internacional relativo al Transporte de Pasajeros y sus Equipajes por Mar, de 1974.

18. ABORDAJE–Convenio para Unificación de Ciertas Reglas en materia de Abordaje, de 1910.

19. SAR–Convenio Internacional sobre la Búsqueda y el Salvamento Marítimos, de 1979.

20. SALVAGE–Convenio Internacional sobre Salvamento Marítimo, de 1989.

21. NAIROBI WRC–Convenio Internacional de Nairobi sobre la Remoción de Restos de Naufragio, de 2007.

22. MLM–Convenio Internacional sobre los Privilegios Marítimos y la Hipoteca Naval, de 1993.

23. ARREST – Convenio Internacional sobre Embargo Preventivo de Buques, de 1999.

BIBLIOGRAFÍA

ÁLVAREZ RUBIO, JUAN JOSÉ. *Las Cláusulas Paramount: autonomía de la voluntad y selección del derecho aplicable en el transporte marítimo internacional*, Ed. Eurolex, Madrid, 1997.

BERLINGIERI, FRANCESCO. A comparative analysis of the Hague-Visby Rules, the Hamburg Rules and the Rotterdam Rules; Paper delivered at the General Assembly of the AMD, Marrakesh, 5-6 November, 2009.

BERLINGIERI, FRANCESCO. Carrier's Obligations and Liabilities; CMI *Yearbook* 2007–2008.

CHAMI, DIEGO ESTEBAN. *Manual de Derecho de la Navegación*, Ed. Abeledo Perrot, Argentina, 2010.

CHAMI, DIEGO. Convenio sobre el Contrato de Transporte de Mercaderías, total o parcialmente, Marítimo – Las Reglas de Rotterdam, p. 5.

DA COSTA GOMES, M. JANUÁRIO. "Sobre as Regras de Lisboa Breves Notas"; profesor de la Facultad de Derecho de la Universidad de Lisboa. Disponible en la edición n.° 1 (relanzamiento) del *Astrolabio*, Boletín Oficial del Instituto Iberoamericano de Derecho Marítimo (https://www.iidmaritimo.org/images/astrolabio/Astrolabio_01.pdf)

DAVIS, CHRISTOPHER. Uniformidad del Derecho Marítimo en los albores de la tercera década del siglo XXI. Artículo publicado en el libro *El Derecho Marítimo en los albores de la tercera década del siglo XXI*, publicado en homenaje al profesor y doctor Luis Ignacio Melo Ruiz; Ed. Porrúa, México, 2019.

Delebecque, Philippe. The new Convention on International Carriage of Goods Wholly or Partly by Sea: A civil Law Perspective; CMI *Yearbook* 2007–2008.

Espinosa Calabuig, Rosario. *El contrato internacional de transporte marítimo de mercancías: cuestiones de ley aplicable*, Ed. Comares, Granada, 1999.

Gabaldón García, José Luis. *Curso de Derecho Marítimo Internacional (Derecho marítimo internacional público y privado y contratos marítimos internacionales)*; Ed. Marcial Pons, Madrid, 2012.

González-Lebrero, Rodolfo. *Manual de Derecho de la Navegación*, 4.ª edición, Ed. De Palma, Buenos Aires, 2000.

Guzmán E., José Vicente. *La responsabilidad del transportador marítimo de mercancías*; tesis de grado, Universidad Externado de Colombia, 1990.

Lena Paz, Juan A. Ley de la Navegación (20,094 comentada, t. I, Plus Ultra, Buenos Aires, 1985.

Mapelli, Enrique. *El contrato de transporte aéreo internacional*, Tecnos Editores, Madrid, 1968.

Mbiah, Kofi. The Liability and Limitation of Liability Regime; CMI *Yearbook* 2007–2008, p. 295.

Ramberg, Jan. *The Law of Carriage of Goods – Attempts at Harmonization*.

Ripert, George. *Compendio de Derecho Marítimo*; traducción de Pedro G. San Martín, Tipográfica Editora Argentina, Buenos Aires, 1954, p. 11.

Romero Basaldúa, Luis E. *Derecho de la Navegación*, t. I, Marcos Lerner, Córdoba, 1996.

Sarmiento García, Manuel Guillermo. *Estudios de Responsabilidad Civil*; ponencia: La evolución de la legislación internacional en materia de responsabilidad del transportador aéreo; Universidad Externado de Colombia, 2003.

Schoenbaum, Thomas. *Admiralty and Maritime Law*, 2nd ed., Hornbook Series, West Group, St. Paul, usa, 1987, p. 95.

Sturley, Michael F. The Uncitral Carriage of Goods Convention: Changes to Existing Law; cmi *Yearbook* 2007–2008.

Sturley, Michael F.; Fujita, Tomotaka y Van der Ziel, Gertjan. *The Rotterdam Rules*, Sweet & Maxwell, Londres, 2010.

Tamayo Jaramillo, Javier. *El contrato de transporte*, Colombo Editores, Bogotá, 1996.

Tetley, William. *Marine Cargo Claims*, 3.ª ed., Blais, International Shipping Publications, Montreal, 1988, p. 378.

Wilson, John. *Carriage of Goods by Sea*; 4th edition, Longman, Essex, 2001.

Editado por el Departamento de Publicaciones
de la Universidad Externado de Colombia
en marzo de 2022

Se compuso en caracteres Palatino de 11 puntos
y se imprimió sobre Holmen Book Cream de 60 gramos
Bogotá (Colombia)

Post tenebras spero lucem

Made in United States
North Haven, CT
04 November 2026

21766922R00159